我的兄长梁启超

梁启勋　吴其昌　著

Liang Qi chao

同望叢書

U1005665

黄山书社

图书在版编目(CIP)数据

我的兄长梁启超 / 梁启勋、吴其昌著. —合肥 : 黄山书社, 2018.10

(回望丛书)

ISBN 978-7-5461-7722-9

Ⅰ.①我… Ⅱ.①梁… ②吴… Ⅲ.①梁启超(1873-1929)-生平事迹 Ⅳ.①K825.1

中国版本图书馆 CIP 数据核字(2018)第 227683 号

我的兄长梁启超 梁启勋 吴其昌 著

出品人 贾兴权
策划 陈志明 朱莉莉
责任编辑 朱莉莉
装帧设计 观止堂_未氓 孔舒琴
责任印制 李 磊
出版发行 时代出版传媒股份有限公司(http://www.press-mart.com)
黄山书社(http://www.hspress.cn)
地址邮编 安徽省合肥市蜀山区翡翠路 1118 号出版传媒广场 7 层 230071
印刷 安徽国文彩印有限公司
版次 2019 年 4 月第 1 版
印次 2021 年 3 月第 2 次印刷
开本 880mm × 1230mm 1/32
字数 200 千
印张 10
书号 ISBN 978-7-5461-7722-9
定价 39.80 元

服务热线 0551-63533768
销售热线 0551-63533788
官方直营书店(https://hsss.tmall.com)

版权所有 侵权必究

凡本社图书出现印装质量问题,请与印制科联系。

联系电话 0551-63533725

目　录

序　言

我的兄长梁启超

我的老师梁启超

附:梁启超致梁启勋书信

序言

近代中国学术史上之梁任公先生（代序一）

张荫麟

本年一月十九日新会梁任公先生病殁于北平，本报既已为文悼之矣（一月二十一日本报社评），兹再从其学术方面，作一综括之评论。

任公先生一生之智力活动，盖可分为四时期，每时期各有特殊之贡献与影响。第一期自其撇弃词章考据，就学万木草堂，以至戊戌政变以前止，是为"通经致用"之时期；第二期自戊戌政变以后至辛亥革命成功时止，是为介绍西方思想，并以新观点批评中国学术之时期，而仍以"致用"为鹄的；第三期自辛亥革命成功后至先生欧游以前止，是为纯粹政论家之时期；第四期自先生欧游归后以至病殁，是为专力治史之时期，此时期渐有为学问而学问之倾向，然终不能忘情国艰民瘼，殆即以此损其天年，哀哉！

先生第一期之智力活动，全受康南海之影响，此时期之梁先生,实为康南海附庸。吾确信即起梁先生于九原,当不以此为降抑之词也。而此后三时期之活动,实于此时期奠其基。故欲论近代学术史上之梁先生,不能不一论康南海。康南海者,我国“经学”史上数座巨峰之一也。“经学”在中国历史中之地位,与哲学之在欧洲历史中之地位相当。其在西方史中,每当社会有剧变之世,哲学必先之或缘之而变;其在中国史中,每当社会有剧变之世,经学必先之或缘之而变。经学之成立在西汉初,自此以后,凡经五变:西汉末古文学兴,是为一变,此时期之代表人物为刘歆;魏晋之世,学者援老庄说经,是为二变,此时期之代表人物可推王弼;宋儒以“性理”说经,是为三变,此时期之代表人物为朱熹;清代汉学家专从训诂校勘方面治经,是为四变,此时期之代表人物为王念孙;道咸以降,西汉“今文学”复兴,“非常异义可怪之论”炽,是为五变,此时期之代表人物为南海康有为。(以上所陈之经学史观,乃作者臆见,兹仅发其凡。除论康南海为本文中应有之义外,余俟另为文详之。)

康南海者,非开辟之人物,而集大成之人物也。当鸦片战争前后,我国智识界先后衍成三种趋势:(一)乾嘉间朴学之正统派,有二特点:其一则重文字之解释而轻义理之阐发,其二则解经以许、郑、贾、马为宗,皆守刘歆古文之学者也。然境域之垦辟既尽,则思迁移;正统派之宰制既久,则起反动。嘉道间,庄存与始将久遭湮埋之今文学中何休《公羊传注》掘出，著《春秋正辞》，专求公羊之“微言大义”及“非常异义可怪之论”。其后刘逢禄复著《春秋公羊经传何氏释例》扬其波，刘又著《左氏春秋考证》，谓《左氏春秋》本不解经，经刘歆改头换面而成现今之形式。是为近代今古文之争之第一次交绥。其后魏源著《诗古微》攻毛传及大小序，著《书古微》攻马、郑之说，邵懿辰著《礼经通论》，言《古文逸礼》为刘歆所伪造，而今文学与古文学之争，壁垒愈坚固。今文学之兴，是为第一种趋势。（二）自鸦片战争而后，少数有识之士，怵国运之凌夷，虑大难之将至，知非于词章考据之外，别求经世致用之学不可。龚自珍及魏源之著作，即表现此种趋向。后经洪、杨之乱，四海沸腾，一时削平大难之功，端赖实行之人，益见徒事呫哔之无用。而曾、左辈盱衡当世，每叹才难，提挈诱掖，不遗余力。讲求实用，是为第二种趋势。（三）鸦片战争之结果，虽未能醒中国人之迷梦，亦已使其知汽船钢炮之不可忽视。当洪、杨时代，英、法以舟师数千，直捣京畿。其后敉平江南，以倾国之师，收效之速，不若英将戈登一旅之众。此等事实，已足使不甚顽固者坚信泰西之优胜，而有模仿之必要。故乱定后曾国藩辈即兴建福建造船厂、江南制造局及江南译书局，并派人出洋留学，初仅注意其器械及战术，渐乃及其政法。薛福成及郭嵩焘，此种运动之代表人物也。效法泰西，是为第三种趋势。

康南海者，于此三种趋势，各集其大成，而复熔之于一炉，抟之为一体，以鲜明之旗帜，恳切之呼吁，宣传其说，而卒以易天下者也。梁启超者，在此旗帜下，一员最有力之大将也。

戊戌政变，在政治上为彻底失败之运动，而在“社会思想”上实为一扫霾拨雾之飚风。其影响之显而见者，在此时前后，国民日用语中，不知增加几许新名词新口号。若变法也，改制也，民权也，平等也，自由也，议会也，立宪也，废科举也，兴学校也，重女权也，戒缠足也，不可殚列，举国观听为之一新。综论其结果，在政治则促起“维新”之自觉，在青年思想上，则促起“新学”之自觉。凡此乃旧时代与新时代转变间之一大关键，而康、梁实与有转移之力也。试一观当时中国风气否塞至何程度，便知康、梁辈之功绩。光绪十四年，康氏初上变法之书，举世目为病狂，大臣格不代奏。其后引用，朝野哗哄，攻击环集。戊戌秋，有平江苏舆者，集当时抨击康党最力之著名文件，都七卷，名《翼教丛编》，而为之序曰：

甲午以来，外患日迫。……言禁稍弛，英奇奋兴。而倾险淫诐之徒，杂附其间，邪说横溢，人心浮动，其祸实肇于南海康有为。……自黄公度为湖南盐法道，言于大吏，聘康之弟子梁启超主讲时务学堂，张其师说，一时衣冠之伦，罔顾名义，视为教宗。其言以康有为之《新学伪经考》《孔子改制考》为主，而平等民权，孔子纪年诸谬说辅之。伪六籍，灭圣经也；托改制，乱成宪也；倡平等，堕纲常也；伸民权，无君上也；孔子纪年，不知有本朝也。……许尚书、文侍御既以参劾获罪，……张香涛尚书《劝学篇》、王幹臣吏部《实学报》，辞而辟之，未加显斥。吾湘如王葵园祭酒师、叶焕彬吏部数先生，洞烛其奸，摘发备至。……而（其后）康、梁以逆谋事觉，乱党逮治。区夏好士，钦仰皇威，弥然自乐其生。

若是乎，则当时之康、梁，不几夫今日之“赤化者”哉！

自维新派与革命党为政敌，革命成而维新派被目为罪魁，而不知二者表相反而里实相成也。“国民革命”（此词始见于《同盟会宣言》，今党军名国民革命军，殆即本此。）运动，实行先于言论。党人最著名之机关报，曰《苏报》，曰《民报》。然《苏报》始于癸卯，旋被封禁，上距《时务报》（梁任公在上海初办之报。）之创办已七年矣；《民报》始于乙巳，上距《清议报》（梁任公在日本初办之报。）创办已六年矣，视《新民丛报》之发刊亦后四年矣。《苏报》《民报》以前，党人盖未尝明目张胆以言论学说昭示国人，国人之于革命党，不过视为洪、杨之继起者而已。自乙未至乙巳十年间，肩我国思想解放之任者，实唯康、梁。虽其解放之程度不如党人，然革命学说之所以能不旋踵而风靡全国者，实因维新派先解去第一重束缚，故解第二重束缚自易易也。且梁任公自逃亡日本后，在《清议报》及《新民丛报》中，掊诋满洲执政者不留丝毫余地。清室之失去国人信用，梁任公之笔墨实与有力焉。清室既失去国人信用而朝廷上又无改革希望，故革命势力日增也，此又梁任公无意中间接帮助革命之一端也。吾故曰维新党与革命党表相反而里实相成也。自乙巳同盟会成立于东京，而维新党遂成过去之陈迹。波澜起伏，前后相推；四时之运，成功者退。个人之得失，何预于其历史上价值哉？嗟乎！此固未易为今之以标语为金科、口号为玉律者言也。

自任公亡命日本后，诵习日文，因间接得窥西洋名哲之学说，而识力日扩。此时之梁先生，已非康南海所能范围。自述曰：

> 启超自三十以后，已绝口不谈“伪经”，亦不甚谈改制。而其师大倡设孔教会、定国教、祀天配孔诸议，国中附和不乏。启超不谓然，屡起而驳之。……（以为）中国思想之痼疾确在“好依傍”及“名实混淆”。若援佛入儒也，若好造伪书也，皆原本于此等精神。以清儒论，颜元几于墨矣，而必自谓出孔子；戴震暗合西洋思想，而必自谓出孔子；康有为

之大同，空前创获，而必自谓出孔子；乃至孔子之改制何必托古，诸子何为皆托古，则亦依傍混淆也已。此病根不拔则思想终无独立自由之望，启超于此三致意焉。然持论既屡与其师不合，康、梁学派遂分。

自戊戌至辛亥间先生之所贡献于国人者，除应时之政论及激发国民爱国心之宣传外，尚有三焉：一则介绍西方学问。国人之得闻亚理士多德、倍根、笛卡儿、斯宾挪莎、康德、卢梭、霍布士、边沁诸家之学说，实自先生之著作始也。虽间接稗贩，每多隔膜与秕谬，然微先生之力，当时孰知除帖括词章考据以外，除坚船利炮铁路银行之外，除法律宪典之外，形而上者，尚有宗庙之美、百官之富耶？其于形上之学激发好奇之心，引起探讨之兴趣，实为此后新文化运动之伏线矣。二则以新观点批评中国学术。换言之，即我国学术之第一次重新估价，其论周秦诸子，其论管子、墨翟，其论商鞅，其论王安石、论孔教、论佛教，皆一扫传统观念，而为今日吾人大多数对于此诸家之观念之所基。此时先生批评中国学术之结晶，尤在《论中国学术思想变迁之大势》一长文。此实第一部有统系之中国学术史，一气呵成，前无凭借，非有绝伟之识力，其曷能与于斯？胡适自言其立志治中国思想史，实受先生此文之影响，则民国六七年后“新汉学”之兴起，先生盖导其源矣。三则以新观点考察中国历史,而提出史学革命方案。始倡于官报及帝谱而外,别创以民族及文化为对象,借国民之照鉴之历史。其于《新民丛报》中,《新史学》《中国史叙论》,已发其凡;于《中国历史上革命之研究》《历史上中国民族之观察》《世界史上广东之位置》,及《赵武灵王传》《张博望班定远合传》《王荆公传》《郑和传》《中国殖民八大伟人传》等篇中,复示其例。后有作近代中国史学史者,不能不以先生之名冠其篇矣。

从学术史上观之,自辛亥至戊午七年间,实为先生一生最不幸之时期。盖自辛亥革命成功后,先生在政治上实与康南海同为落伍之人物。历史上之趋势如此,非人力所能转移。为先生计,使自此时以后绝迹仕途埋头著述,则其所贡献于中国学术者当如何!乃不出此,挟其历史上宝贵之地位旅进旅退于军阀官僚、奸雄宵小之间,卒无补于国,而学亦荒,岂不惜哉!此时期先生在政治上之主张,可以一言蔽之:先从民智民德方面着力,而以温和渐进之方法改善其政治上及经济上之地位。惟其侧重民智民德,故于政治及经济上无具体而坚执之计画;惟其采温和渐进之手段,故易于优容军阀。民国以后先生在政治上得失之林,可得而论也。

及欧战甫终,西方智识阶级经此空前之大破坏后,正心惊目眩,旁皇不知所措;物极必反,乃移其视线于彼等素所鄙夷而实未尝了解之东方,以为其中或有无限宝藏焉。先生适以此时游欧,受其说之熏陶,遂确信中国古纸堆中,有可医西方而自医之药。既归,力以昌明中国文化为己任。而自揆所长,尤专力于史。盖欲以余生成一部宏博之《中国文化史》,规模且远大于韦尔思之《世界史纲》,而于此中寄其希望与理想焉。天不假年,抱志以殁,实中国史学史上之一大损失已。然其已见之主要成绩可得言焉:(一)《中国历史研究法》一书,虽未达西洋史学方法然实为中国此学之奠基石,其举例之精巧亲切而富于启发性,西方史法书中实罕其匹。(二)关于学术史者,《先秦政治史》及《墨子学案》《老子哲学》等书,推崇比附阐发及宣传之意味多,吾人未能以忠实正确许之。惟其关于中国佛学史及近三百年中国学术史之探讨,不独开辟新领土,抑且饶于新收获,此实为其不朽之盛业。(三)先生《中国文化史》之正文,仅成《社会组织》一篇,整裁犹未完善,然其体例及采裁,(全)空依傍,亦一有价值之创作也。(四)关于文学史者,除零篇外以《陶渊明》一书(内有年谱及批评)为最精绝。报载其作《辛稼轩年谱》,力疾属草,实成绝笔。他日此书印行,当为我国学术史上与人印象最深之纪念物也已。

近两年来先生在衰病中,医者禁其著作,已久与中国史学界绝缘。而我国史学界亦日冷落，至于今而益甚，不学无术之人因缘时会，凭借结纳，亦且披猴冠而登坛坫焉。不知我国史界之剥，何日始复也。

（《大公报》，1929 年 2 月 11 日）

梁启超像

梁任公先生传（代序二）

刘盼遂

先生讳启超，字卓如，号任公，新会人。父宝瑛，布衣教授终。先生生四五岁，日就母膝下受四子书、《诗经》；夜则王父携之寝，辄为道古豪杰哲人嘉言懿行，尤津津于亡宋晚明国难之事。六岁就父毕《五经》。九岁能缀文，千言立就。光绪甲申十二岁补县学生，而父严督之，于言动不少假贷，常斥之曰："汝自视乃如常儿乎？"先生终身诵之。明年，之广州入学海堂，治戴、段、王之学。己丑领乡荐，主考李尚书端棻，诧为奇才，以其女弟妻焉。庚寅南海康先生有为以布衣上书被放归，先生同陈千秋往谒之，一见大服，遂执弟子礼，从学于万木草堂者三年。

甲午客京师，交夏曾佑、谭嗣同。曾佑主今文学，嗣同喜经济，先生以大同义与之往复，思心益辟理。时中日战事起，先生愤惋，稍有所吐露。迨明年和议成，则与南海先后连公车上书，陈时政，请变法。七月，南海开强学会于京师，委以书记。已而会废，应黄公度约，赴上海，主撰《时务报》，著《变法通议》刊布。论者谓其持论豁达，雄辩惊人，殆贾太傅《治安策》之比。丁酉，至湖南，膺时务学堂讲席，以民权论教诸生，多所成就，蔡锷、范源廉其著也。明年四月，侍郎徐致靖荐先生才可大用，召见，命办大学堂译书局事务。时德宗崇信南海，锐意维新，先生与谭嗣同、杨深秀、康广仁、林旭、杨锐、刘光第等，以京卿参佐之，期月之间，纲纪焕然。御史某摘先生札记中微辞奏西后，遂兴大狱，六君子死，南海托英人免，先生乘大岛兵舰入日本，世人称此事为戊戌政变。自是凡居东十四年，迄于清尽，皆以平易畅达之文笔，颂言革命、排满、共和，揭于《清议》《新民》《国风》《新小说》诸报及《新大陆游记》，天下人士靡然向风焉。

迨壬子民国建立，以司法次长征不应。后一年，熊希龄组织内阁，先生出任司法总长，旋改币制局总裁，然时事草创，皆未获施敷即去。又二年乙卯，袁氏帝制垂成，先生著《异哉所谓国体问题者》一文，痛驳斥之，谓主帝制者为无风鼓浪，兴妖作怪，徒淆民视听，而诒国家以无穷之戚。袁氏闻之怵焉，使人进二十万金为寿，乞隐其文，且曰，“君亡命况味已饱尝，何更自苦?”先生笑拒之曰，“余诚老于亡命之经验家，顾宁乐此！不愿苟活于此浊恶空气中也。”来人忸怩而退。先生因与蔡锷密定反袁之策。

锷逃至云南，出师护国驿。先生则于丙辰春来往两粤，赞其魁率独立。袁氏遂疽发背死。民国再造，此世所谓护国之役者也。明年，张勋入都复辟，先生首通电反对，力怂段祺瑞举兵马厂。不数日，张勋逃亡，祺瑞再入阁，起先生出长财政。是时中国加入协约国对德、奥宣战，卒能改进国际地位，主之者实先生一人。

戊午，欧战告终，先生往游，所至则以中国沉冤诉诸世界舆论，著《欧游心影录》记其事。庚申春归国，专以著述讲论为业，所钻披亦以佛理史料、儒家道术、诸子哲学为多，不复作政论举远游矣。乙丑清华学校研究院聘任导师。院中不乏笃学之士，先生顾而乐之。晨夕相与擘摩讨论，虽便血症日剧，而批校笔札剖析疑义不少休，殆有终焉之志。越三年旧病侵寻，日卧药裹炉烟中，著《辛稼轩年谱》未卒业，终于北京某医院，得年五十有六。遗命葬翠微山东麓。子五，女子子三，皆读书自立。

息县弟子刘盼遂曰：丙寅新正，与同门吴其昌诣北苑，为先生贺岁。入见先生独据案高吟，墙内洒如也。予因叹年事德业如先生，于学问似可小偈，而乃闭户精诵，自强不息。吾侪少年乃日颓放靡漫，若无可消遣者，何哉？每侍坐时，教以著述事功，动期效于数十年外，其意若定有一二百岁寿者，从不见有侘傺怅惘之色，啃嘆匆衮之音。盖先生从事孔、老、孟、荀、阳明、白沙之学终其身，涵养深，挟持大，愿力弘，以苍生为己任，以斯文为己任，孳孳焉惟为日之不足，又何暇忧老至愁日永哉？先生少年有别号曰，少年中国之少年，呜呼！此即先生之自谥欤？吾侪少年，应如何闻风而兴起孟晋者哉！

（《图书馆学季刊》3卷1、2期，1929年6月）

梁启超像

悼梁任公先生（代序三）

张其昀

梁任公先生晚年，尝自比于梨洲。黄梨洲先生年登八秩，神明未衰，白头著述，矻矻不休。梁任公先生亦自称元气淋漓，不让后生，乃享寿未满六旬。其生平志业，多未成稿；栖依西山，想有遗恨。自梁先生之殁，舆论界似甚为冷淡。先生遗体将于今日在北平香山卧佛寺之东坡安葬。余昔年游学金陵，尝侍先生，追怀良师，不能无一言。梁先生在中国近世史上各方面之贡献，现代史家必有作详尽之研究者；本篇所述，仅余之杂感而已。

世界大战，其影响至深且远，当时我国思想家亦受其影响，议论纷纭，其重要者约可分为三派。总理之民族主义，主张发扬吾固有之文化，且吸收世界之文化而光大之，所谓集中外之精华，防一切之流弊。其他二派，则各有所偏激。梁任公先生鉴于欧洲战后残破荒凉之状，思以中国古代圣哲之人生观，挽救西洋文化末流所得之沉疴。《新青年》派则另趋一极端，以为中国文化已将破产，欲借重西洋文化根本改造之。吾人细读总理遗著，于梁先生之学说，似少贬辞，但于《新青年》派则甚致不满，谓其倾向于世界主义，失去中华民族自信之心，实为民族之致命伤。例如《新青年》派欲废除文言，总理则以文字为民族精神之一要素，中国文字虽仍古昔，其使用之技术，则日见精研，富丽殊绝云云（见《建国方略·心理建设》第三章）。即此一端，总理已不能予以赞同。至最近数年来，后述二派，已如冰消雪解，风流云散。平情论之，彼等亦皆中国之志士仁人，吾人不能不加以相当崇敬。且其持论所以偏宕之故，吾人以为与其加罪于个人，不如加罪于近代留学制度。在梁先生于国学造诣特深，服膺于先哲之古训，虽于战后亲至伦敦、巴黎实地考察，究属走马看花，其所窥见之欧洲，殆属皮相之见，其轻视西洋文明，与《新青年》派之轻视中国文明，诚所谓过犹不及。若《新青年》派，多属留学生，出国之时，程度甚浅，于本国文化既无真知灼见，及回国之后，自以为一蹴而致青云，不肯虚心研究；而于总理阅历世界老成谋国之深意，复不肯虚心领教；遂专事攻击，不负责任。昔王荆公有云："命之重大，而承以轻眇，兹荣也，只所以为愧也欤。"此系荆公谦逊之辞，若移作现代外国留学生之评语，其真能无愧否耶。是以今后中国之留学政策，应从速变更，实行精兵主义。梁先生尝鉴于近代留学运动成绩之少，于六朝三唐留学印度之历史，详哉其言之，而以玄奘法师为理想中之学者。玄奘出游，在唐太宗贞观二年秋，时年二十有九，在国外凡十七年，居印度那（“那”原误作“邦”，据 1929 年 11 月《史学杂志》1 卷 5 期转载之文校改。下文凡此，不再注出。）烂陀寺凡五年，亲受业于戒贤大师。学成之时，印度戒日王为奘开辩学大会，奘立真唯识量，悬诸国门，经月无人致诘难者。归国后十九年间，译事未尝一日辍，译经凡七十五部，共一千三百余卷。意译直译，圆满调和，斯道之极轨也。其绝笔之时，距圆寂仅一月耳，其间犹随时为弟子演讲，无一日暇逸。其所著《大唐西域记》，为世界地理学之宝典。玄奘卒时，在高宗麟德元年，寿六十三。帝废朝三日，四方会葬者数万人，前后无比。梁先生称玄奘法师为千古学者之模范，先生所作论文，亦以此为最有精采之一篇。当十七世纪初叶，英国大哲学家培根，著有《理想国》一书（即 *New Atlantis*），亦主张派遣专门名家，常驻文明各国，学习异国之语言，研究异国之科学，调查异国之生计状况，采集异国之文学作品，以十二年为期，期满回国，报告心得。如此继续不息，可将世界各国之文物精华，囊括无遗云云。培根所定之留学年限似甚长，然我国果能矫正从前漫无限制之留学政策，集中精力，每年只选派少数清修苦节笃学有道之士，分赴海外各国求学；国家审慎从事，优加爱护，无望其速成，无诱于势利，从容暇逸，孜孜不舍，又令其有严密之组织，分功合作，对于世界文明各国风俗人情典章制度之真相，谋为有计画有系统之输入；而复以余力，将中国数千年来光明灿烂之文献，译为各国文字，以宣传于世界。所谓“以建民国，以进大同”，此乃国民革命最大之目的；梁先生之政治理想亦不外乎此。然如何方能勇猛精进，以达到此目的，则不能不讲求至善之方法，秉国政者，幸留意焉。

昔意大利第一次国会开幕之时，玛志尼大呼曰：“吾人已造意大利国，今则须造意大利人矣。”自国民政府定都金陵以来，已历二年，时事艰虞，于教育一端，亦尚在草创规模。吾人近年厕身于教育界，深感其精神涣散，意气消沉，几无学风之可言；长此蹉跎，实堪危惧。最近立法院曾讨论大学之组织，于大学必须设立自然科学院，曾引起院内外之激烈辩论，其极力注重科学根柢，自应博得有识者之同情。但唐人诗云：“欲穷千里目，更上一层楼。”吾人以为基础确立之后，尚有更高贵之一事，即文化训练是也。现在大学学生，入学之初，即须认定某一学系，毕业之时，又自以为属于某一学系；其视学问，若先施公司百货商店，某部某部各守范围也者。我国古代圣贤论大学之道，曰“正心诚意，致知格物，修身齐家，治国平天下”。总理称此段理论，逐渐发展，乃全世界最完备之理论。现代科学昌明，远迈前古，致知格物,当为大学教育之基本,自无待言。但自然科学之性质,乃超于时间空间之外,如何灌输学生以民族之精神与高尚之理想,免致成为闭关自守之专家,则文化上之公共训练,亦必不可少。古人有言曰:“文胜质则史,质胜文则野,文质彬彬,然后君子。”大学教育之宗旨,非仅欲养成专门学者,尤欲养成君子之道。昔梁任公先生在金陵讲学,见一般学生,只知埋头伏案,研究科学上之原理原则,而于精神上之修养,并不感其重要,故毅然欲在天津创办文化学院,以补救现代机械式教育之缺憾。后文化学院以私人资力有限,未曾实现。但吾人以为当代教育家,对于文化训练一事,仍不能不采纳梁先生之主张。梁先生所倡导者,为自由讲学之风,与现代大学制度,本可并行不悖。其要旨即在普通大学教授之外,设立若干特别讲座,延聘德高望重之大师,予以充分之闲暇,一听其好学深思,纵览万事万物,融会而贯通之。此种讲座,并不属于任何大学,而在国内大学轮流演讲。每周虽亦规定上课时间,但无需上课证,亦不给学分。各院各系之学生,可在一堂听讲。其演讲题目,则任其自由选择,任其兴到神来,发为独立不羁之评论;能令人肃然起敬,穆然神往。大学学生,常受此种公共训练,对于人格修养,以至于国家大事世界大势,渐有共同之态度,共同之理想,而足以补平时专科教授之所不及。国人所期望之中心人物与中心思想,当在此等空无依傍自由讲学之学者求得之。昔梁先生在金陵讲学,不及三月,而教泽在人,令人念及,辄兴高山大泽之思,岂非其成效欤。南高、东大,已成为历史上之名词矣,其在现代教育史上之地位,兹不遑置论。惟有数事,颇有纪念之价值,即如聘请梁先生南下讲学,并赁定成贤学舍,敬候起居,梁先生亦常于暇时,邀集学生,悠然叙谈,有欣欣向荣之气象;此则古代尊师重道之意,流风未沫者也。

梁先生学问兴趣极广,自言对于文哲史地诸学,均所爱好,而于史学兴味尤浓,其用力最勤,著作亦最为宏富。昔孔子论作史方法,分为其文其事其义三种。唐代史家刘子玄遂倡史家三长之说,即才学识三长,诚为千古不磨之论。由今日言之,凡欲成为伟大之史家,必须兼具文学之情操,科学之知识,哲学之思想。而一般史学,大都得此失彼,若兼具此三长,真旷世而一遇,难能而可贵者,此刘子玄所以有“史学之难其难甚矣”之叹也。梁先生以卓绝一世之天才,膺此一席,必能胜任而愉快,固为众望之所归矣。夫历史为各种学问之综合,历史家之责任,非仅在览时事之变迁,于各种科学之发达,亦不能不略知甘苦。数年前,中国科学社生物研究所成立时,曾请梁先生公开演讲,其讲题有关于生物学,当时在座之科学家,均加赞赏,称其善于辞令,梁先生实近代最富于修养之一通人也。若其风发泉涌透澈晶莹之文章，与其鉴微探本疏通知远之思考力，则既声望所归，万流仰镜，不必更赞一辞矣。梁先生晚年息影津门，优游林下，尝有志于《中国通史》之草创，使寿之以年，当不让司马温公专美于前。或有疑其烈士暮年，壮心未已；但吾人诵其“窃自比于梨洲”一语，应鉴谅其心迹，在于著书立言，教育英才。或又虑梁先生与国民党政见不同，恐于近代历史不能为公平之纪载；惟梁先生近年独倡史家四长之说，取章实斋先生《史德》一篇，津津乐道，此可见其廓然大公之心。今先生往矣，先生所欲结撰之《中国通史》，不得不有待于后起者之努力矣。云重积而复散，雨垂落而复收，此情此慨，良无以喻。

梁先生为玄奘法师所作赞颂有云：“武士当死于战场，学者当死于讲坛。”梁先生之文字，感人至深，大抵类是。呜呼，王静安先生不死于讲坛，而死于清流；梁任公先生不死于讲坛，而死于医士之手；哀老成之凋谢，慨文献之寥落；北望西山，不禁为之泫然者矣。

（《时事新报》，1929 年 9 月 9 日）

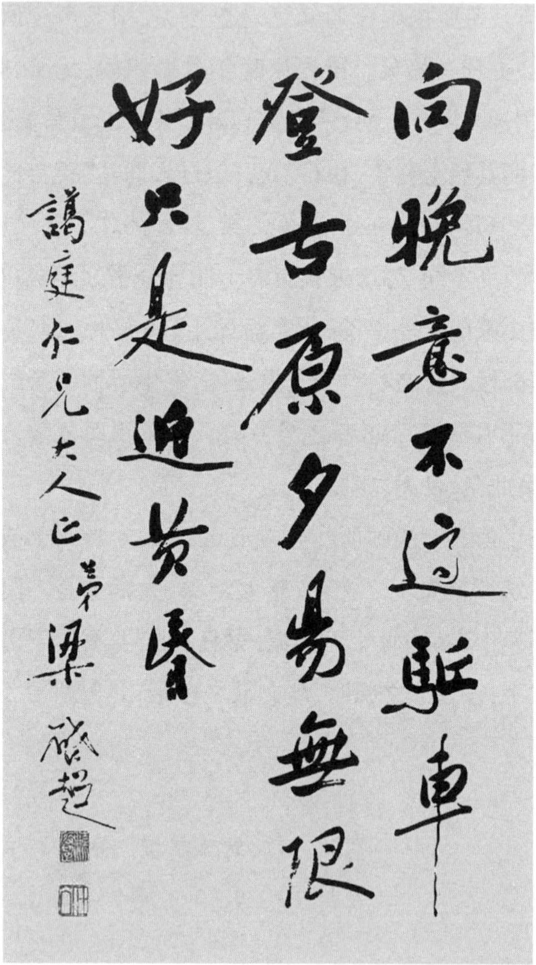

梁启超书法作品

我的兄长梁启超

——梁启勋

先兄梁启超小传

梁启超，字卓如，号任公，广东新会人。年十六，入学海堂为正科生。十九入万木草堂。甲午以后，加入国事运动。年廿四，创《时务报》于上海。翌年冬，主讲长沙时务学堂。年廿六，值戊戌政变，走日本。又二年，自檀香山赴唐才常汉口之役，抵沪而事败，避地澳洲，旋适日本。四十岁，始归国，参与民国新政。洪宪及复辟两役，奔走反抗甚力。欧战起，主张加入协约国。年四十六，漫游欧洲。翌年东归，萃精力于讲学著述。卒于民国十八年己巳，溯生于同治十二年癸酉，得年五十六。乙亥冬，启勋谨记。

（《饮冰室合集》，中华书局 1936 年 1 月版）

先兄梁启超早年事迹

编按：本文辑自《梁任公先生年谱长编初稿》，均系记述梁启超的部分。原书《曼殊室戊辰笔记》现已逸。

伯姊长于兄三岁，故小时之嬉戏每依伯姊。

六岁就外傅，启蒙师乃张乙星先生，先王父仲姊之子也。

其时先王父于大伯父屋后之隙地筑一小书斋，名曰留馀。伯兄自出就外傅以后，寝处悉随先王父。吾乡有一庙宇，中藏古画四十八幅……写历史上二十四忠臣、二十四孝子之故事。……每年灯节辄悬之以供众览。……上元佳节，祖父每携诸孙入庙，指点而示之曰："此朱寿昌弃官寻母也，此岳武穆出师北征也。"岁以为常。高祖毅轩之墓在厓门，每年祭扫必以舟往，所经过皆南宋失国时舟师覆灭之古战场。途次一崖石突出于海中,土人名之曰奇石,高数丈,上刻宋张宏范灭宋于此八大字。……舟行往返,祖父每与儿孙说南宋故事,更朗诵陈独麓“山木萧萧”一首,至“海水有门分上下,关山无界限华夷”,辄提高其音节,作悲壮之声调,此受庭训时之户外教育也。

先君子屡试不得志,迨伯兄八岁时,乃绝意进取,设教于乡。其设教也,不过召集数儿以伴伯兄之读而已。

十岁就学于邑城周惺吾先生,是岁应童子试。当时内河轮船未通,赴广州应府试者辄结伴买一舟,水程三日,同行皆父执。一日舟中共饭,时一人指盘中咸鱼为题,命伯兄吟诗。伯兄应声曰:“太公垂钓后,胶鬲举盐初。”满座动容,神童之名自此始。

十二岁补博士弟子员,周惺吾先生曰:“吾不能教之矣。”

十三学于广州之吕拔湖先生。

十四学于佛山陈梅坪先生。

十五学于广州之石星巢先生。时石先生设教于广府学宫翰墨池。广州有大书院五，最高之学府也。曰学海堂、曰菊坡精舍、曰粤秀书院、曰粤华书院、曰广雅书院。首席教授称山长，地位最尊，督抚到任必先往拜之，非宿儒不能当此席。月考有奖赏，名曰膏火，依等第以为厚薄，所以养寒士也。伯兄买书之费悉出于此，每届年假辄捆载而归。以余所见，如正续《皇清经解》《四库提要》《四史》《二十二子》《百子全书》《粤雅堂丛书》《知不足斋丛书》，皆当日之所购。

是年五月初六日，先慈赵太夫人弃养时，伯兄学于广州。而电（话）及海内轮船皆未办。专人驰报，往返需六日乃至八日，天气酷热，卒以不能久待而先殓，此伯兄终身抱憾之一事也。

十六岁入学海堂为正班生，同时又为菊坡、粤秀、粤华之院外生。

光绪十五年己丑，十七岁。举于乡，榜列八名。当时典试之正座乃贵州李苾园，副座乃福建王可庄。榜发，李请王作媒，以妹字伯兄。同时王亦怀此意，盖王有一女公子正待字也，但李先发言，乃相视而笑。

十八岁庚寅，赴春闱。祖父以兄年稚远游，颇不放心，乃命先君子携之入都，寓新会新馆，是科下第南归。

（十九岁）是年（1891）冬，入京就婚。寓宣南永光寺西街之新会新馆。

二十岁壬辰，正月二十日，先正父见背，春闱乃李苾园为总裁，欲通一关节，伯兄却之。是年夏，偕伯嫂李夫人南归。乡居一年有奇，斯时于国学书籍而外，更购江南制造局所译之书，及各星轺日记，与英人傅兰稚所辑之《格致汇编》等书。

（二十一岁）癸巳二月二十八日思顺（长女）生。是年冬，讲学于东莞，与番禺韩云台合教，亦万木草堂弟子也。

二十二岁甲午春，复偕伯嫂入京，寓粉坊琉璃街新会邑馆。迨中日战争起，北京风声鹤唳，于是伯嫂归宁贵州，伯兄又回广东。

二十三岁乙未春入京，自此次出万木草堂之后，未尝再入住，学生生活可以谓之止于是岁，益见国事日非，已渐有慷慨激昂之态矣。是岁春闱，乃顺德李若农典试，误以伯兄之试卷为南海之作，故抑而不录，批曰："还君明珠双泪垂，惜哉惜哉！"盖当日之南海为众人所不喜也。

三月，斯时国家以新败之余，舆论渐起，遂有公车上书之事。伯兄随南海先生立强学会于京师，朝廷忌之，旋即封闭。此次旅京，日相过从者有麦孺博、江孝通、曾刚甫、夏穗卿、曾重伯诸人，文酒之会不辍。更喜谭佛学，识谭复生。

（光绪）二十二年丙申（1896）二十四岁。由京之沪，以强学会之余款二千四百元办《时务报》，识吴铁樵。是年冬，伯嫂从贵州来。寓于英租界之梅福里。伯兄以作报馆论之余暇，更从丹徒马相伯、眉叔兄弟习拉丁文。

二十五岁丁酉春，南归省亲，旋迎养于上海。秋初生一子，一日而殇。是年冬入长沙，讲学于时务学堂。先是达县吴小村先生方署钱塘县令，拟在杭州西湖赁一屋，购书数千金，并聘英法文教员各一人，伏伯兄于湖上，三年而后纵之。同时陈右铭巡抚湖南，黄公度为臬司，办时务学堂于长沙，聘伯兄主讲座。吴、黄二公当日以出处问题为数月激烈之争论，黄获胜，乃于秋间入湖南，识唐黻丞。

（光绪）二十四年戊戌（1898）二十六岁。戊戌春正月，大病几死。二月入京，八月政变走日本。

（《梁任公先生年谱长编初稿》）

梁启超（左二）与家人合影

万木草堂回忆

万木草堂为先师康有为先生设教之所，在广州广府学宫之仰高祠，而梁启超及其弟启勋亦皆当时草堂问字者之列，其时为光绪十九年癸巳也。启勋于七十年后追述少年时从游康氏帐下听讲之情景，由其侄梁思永笔录，由大陆文史资料研究委员会予以辑梓，兹承日人坂出祥伸教授影印见寄，特录出，以见康师熏陶学子进德修业之一斑。武进蒋贵麟谨识。

一八八九年，即光绪十五年己丑，康有为先生以布衣上书，请维新变法。清朝政府置之不理。康乃出京回广州，自思孤掌难鸣，要有群众基础，乃可有成，就决定先从教育培养人才入手。当时有位陈千秋先生是学海堂的学生，学识广博，已拜在康先生门下。梁启超中举后，考上学海堂正课生，在学海堂认识陈千秋,陈与梁谈起康先生学问如何渊博,引梁与康相见。康梁二人相谈甚融洽,梁亦很佩服康的学识,也就拜康先生为师。由陈千秋与梁启超二人援引各人的亲戚朋友,直到有了二十多个学生,于一八九一年,即光绪十七年辛卯,在广州长兴里设立"万木草堂",开始讲学。一八九三年迁移卫边街,这时已发展有四十余名学生。我本人就是一八九三年进万木草堂学习的。一八九四年万木草堂迁至广府学宫,其时已有一百余名学生了。

康先生讲学的内容,是以孔学、佛学、宋明学(陆王心学)为体,以史学、西学为用。他讲学重今文学,谓古文是刘歆所伪造、即如《春秋》,则尊《公》《穀》而非《左传》。当时,他对列强压迫、世界情势、汉唐政治、两宋的政治都讲。每论一学、论一事,必上下古今,以究其沿革得失,并引欧美事例以作比较证明。我们最感兴趣的是先生所讲的《学术源流》。《学术源流》是把儒、墨、法、道等所谓九流,以及汉代的考证学、宋代的理学等,历举其源流派别。又如文学中的书、画、诗、词等亦然。书法如晋之羲、献;羲、献以前如何成立;羲、献以后如何变化;诗格如唐之李、杜;李、杜以前如何发展,李、杜以后如何变化;皆源源本本,列举其纲要。每个月讲三四次不等,先期贴上通告,"今日讲《学术源流》"。先生对讲《学识源流》颇有兴趣,一讲就四五个钟头。

在万木草堂我们除听讲外,主要是自己读书、写笔记。当时入草堂，第一部书就是读《公羊传》，同时读一部《春秋繁露》。除读中国古书外，还要读很多西洋的书。如江南制造局关于声、光、化、电等科学译述百数十种，皆所应读。容闳、严复诸留学先辈的译本及外国传教士如傅兰雅、李提摩太等的译本皆读。

每天除了听讲、写笔记、读书之外，同学们每人给一本功课簿，凡读书有疑问或心得，即写在功课簿上，每半个月呈缴一次。

功课簿是万木草堂一件重要制度。每见学生写一条简短的疑问，而康先生则报以长篇的批答。即以我本人而论，有一次我写一条质疑，谓“见《论语·子罕》章曰，子罕言利与命与仁。儒家哲学不言利，诚然。孟子是儒学正宗，他说，王何必曰利，亦有仁义而已矣。但《论语·尧曰》章曰，不知命无以为君子也。《宪问》章曰，道之将行也欤，命也；道之将废也欤，命也；公伯寮其如命何。这类话要列举，还有。至于仁字，更是儒家哲学的纲领，何能谓之罕言呢。”我这条质疑，不过百十个字，但康先生当年的批答，却有好几百字。

同学们的功课簿写满之后，先生令存之书藏，供新来的同学阅览，谓等于听他的讲义云。这里头，不少“非常异义可怪之论”。后来戊戌查抄万木草堂时，都付诸一炬了。

功课簿之外设一本厚簿，名曰“蓄德录”。每日顺着宿舍房间，以次传递，周而复始。各人每日录入几句古人格言、名句或俊语，随各人意志之所好，写什么都可以。譬如写“学而时习之，不亦说乎”等等均可。这些格言、名句除写在“蓄德录”外，同时用一张小纸写出，贴在大堂板壁上。它的作用，是用以提起各人的警惕，引起各人的兴趣。每隔三五个月，先生也拿去翻阅一次，藉以验其个人思想所趋向，不无补助。

在万木草堂我们除自己用功读书之外，还有一种特殊工作即编书，这是协助先生著述的工作。譬如康先生要写一部《孔子改制考》，由他指定一二十个同学，把上自秦汉、下至宋代各学者的著述，从头检阅。凡有关于孔子改制的言论，简单录出。注明见于某书之第几卷、第几篇，用省属稿时翻检之劳。时间由编书者共同商定，每月上旬某年某月某日，中旬某月某日，下旬某月某日，自几点至几点，会合在大堂工作。仍坐在无靠背之硬板凳。某人担任某书，自由选择。一部编完，又编第二部。这些稿件，统存于书藏，备先生随时调用。戊戌查抄万木草堂时亦付诸一炬了。当时，所编的书《新学伪经考》四本已出版；《孔子改制考》未编成而发生政变。

万木草堂的图书阅览室叫书藏，是以康先生所藏书为基础，同学们家藏的书，则自由捐献。“捐入书藏”，是当日草堂同学一句口头语。

万木草堂里面还有一个礼乐器库是贮藏习礼时所用的仪

器。如钟、鼓、磬、铎、干、戚、羽、旄以及投壶所用之竹箭等。习礼,每月一次,先生自制一套“文成舞”。钟磬齐奏,干戚杂陈,礼容甚盛。习礼有尊孔的意义。

入万木草堂学习的学生每人每年十两银子,名曰“修金”,与其他书馆一样。但寒士则免费。如曹著伟是个穷秀才,先生不受他的修金。徐君勉家颇富裕,且家无尊长,诸事由他主持,他每年就送三四十两银修金。

万木草堂无考试制度。全在功课簿上窥察各人造诣之深浅,亦不分年级与班次。在旧生中举出两三名“学长”,以领导新生读书。梁启超就是一个“学长”。

草堂弟子在学习上都是非常用功的。例如康先生有名的学生陈千秋就是一个非常努力读书的人。他有条有理,非常爱护书籍。看书如果在房中走着看,总是用长袖子托在手上垫着书看。如果坐在桌旁看书时,就用右臂长袖把桌上尘土拂净,才把书放在桌上。他看过的书老是很整齐清洁的。另一个学生曹著伟喜欢躺着看书,每天都拿很多书放在床边,看后随手放在床上,随拿随放,第二日又不把书归还书架上。日久满床都是书,晚上只好睡在书堆里。

草堂同学在生活上是很随便的。书籍、用具、衣着都是彼此不分的。草堂制度规定,夏天都要穿长衫,因白夏布不耐脏,大家都是穿蓝夏布长衫。在街上发现有穿蓝夏布长衫的青年,均是草堂弟子。有一次康先生对我们说:“诸君这样相处很好,现在人少还可以,将来同学多时怕行不通,孟子的弟子还有偷鞋的呢。”

万木草堂当日在社会上所起的作用,可以以梁鼎芬先生赠康先生几首七言律中的几句作代表:“九流混混谁真派,万木森森一草堂。但有群伦尊北海,更无三顾起南阳。”当时科举制度,除考“八股”外,还有一场考“经古”,是关于学问方面论述。这场关防不严,可以随便互相谈话,在考场中只有草堂弟子谈话,其他人都在听草堂弟子讲话,这也是社会影响的一种。

戊戌以前,政府无干涉之事。社会人士初以我们为怪物。康先生中举以后,才知道康有为主张废科举不是因为他不会作八股。而且每年草堂弟子中秀才、举人的也不少,舆论就转变了。万木草堂从一八九一年开办,至一八九八年戊戌,共八年。草堂学生连同康先生往桂林讲学之后的两广学生以及在上海、北京来拜门的约千人。

康先生中等身材,眼不大而有神,三十岁以前即留胡须,肤色黑,有武人气。他是荫生中举,是个世家子弟,但他的生活朴实。先生不住在万木草堂,他家住在云衢书屋,在惠爱街,距离广府学宫相当远,每日往返都是步行。

康先生幼年就非常喜爱读书,曾受过严格的程朱教育。青年时期,博通今文经学、中国史学与佛学,弃程朱学转崇陆王学。记得幼博世叔(即戊戌六君子中的康广仁)同我们说:“你们先生,从小就很用功读书,每天早晨拿五六本书放在桌上,右手拿着一把尖利的铁锥,用力向下一锥,锥穿两本书,今天就读两本书;锥穿三本书,今年就读三本书,每日必定要拿一锥书。他有时要完成看一锥书的任务,看书看到上眼皮闭不下来。”

康先生的精神很好。讲课时总是挺着脊背坐几个钟头。同学们坐了四五小时无靠背的硬板凳,下堂后即回宿舍倒在床上了,但康先生回他的屋子,即批阅功课簿。若有些非面谈不可的问题,随即传见。倒在床上的同学最怕被传。

广州有五个大书院,它们的名字是学海堂、粤秀、越华、菊坡、广雅。那时没有学校,这五个书院,可以称为省立研究院。他的主干人称为山长,地位最清高,都是舆论所归的学术名流,由督抚聘请。总督、巡抚、学台到任,先拜山长,山长回拜。康先生每次会见他们都带一两个学生同去。因为他们见面,总是谈学问,常时辩论得脸红耳赤。跟去那一两学生,端坐旁听,获益不少。

假令康先生终身讲学,不作政治运动,其在社会上所起的作用更大。用其所短,惜哉。

长兴里和卫边街的同学们，都是二十多岁左右的人，正是求知欲最发达的时候。脑海中本来空空洞洞，一张白纸，什么东西都可以收纳。又值方面复杂、材料丰富的《学术源流》讲义以诱导之，所以同学们的思想，尽情奔放，各随其意志之所接近，冲动之所趋向，如万壑分流，各归一方。

以佛学而论，可提梁伯隽作代表。伯隽名朝杰，是一个异样的聪明人。十四岁中了一名举人。旧说十四，满岁数实在十二岁多。梁启超把他引进长兴里。他听了《学术源流》的印度哲学，心仪佛法，兴趣近于禅宗一派，终日静坐，极少与同学会谈。七十年前的广州，无分冬夏，蚊子不饶人。伯隽将一把藤椅放在床上，下了帐子，读书打坐，都在里面。有一天，他请教康先生，现在要读什么书。先生说："经书你已经读过，读史罢。司马温公的《通鉴》，繁简得宜，其中所加之案语，条条都好。凡是'臣光曰'之下，就是他的案语，长则千数百字，短则三两句，无一不扼要而精警，就读《通鉴》罢。"过了二十多天，他把二百九十四卷《通鉴》读完，又去问先生再读什么书。先生心里觉得有点稀奇，试举其中的人物或事迹问他，都能答复，诚不愧为一个小怪物了。记得他作过一首《摸鱼儿》，中有几句曰："萧萧马鸣催日落，弄得老天憔悴。我何顾，算万里堂堂，犹是神州土。"也不像十几岁的孩子话。

讲到刑法这一方面，可以陈千秋做代表。千秋字礼吉，南海西樵乡人。西樵九十六乡，共同组织一个“同仁局”。广东的乡村，每乡一万几千人，并不稀奇。如新会的外海乡，南海的九江乡，都是十几万人。而且从前的人数统计，只算男丁，不计妇女。所谓一万人云者，实在是二万。西樵九十六乡，少说也有二百多万人口。陈千秋尝被举为同仁局长。彼出其商君韩非之心得，治安井然。乡民有争论，多半由同仁局为之处理，不必经官府。所以南海县亦乐得省事，常与同仁局紧密联络，故陈千秋得以大显其才能。

至于道家一流，则曹著伟可作代表。著伟名泰，南海人。性情近于庄、列一派，笃信虚无学说。有一次，他闻得一个人，名叫林太平，能飞行。他要访寻此人，约我结伴。林是清远人，该县在广州极北方，是山区农业地方。该地居人，都是农民。我们去的时候，已经短衣，但土人见有着鞋袜者都觉得不顺眼。大概也不识得读书人，只是听戏时，见台上的角色是着鞋袜的，所以有个中年人问：“你们是唱戏的吧？”引得我们大笑。那年我是十九岁，一张大圆脸。著伟和我开玩笑，说“你一定是个唱花脸的”。林太平的踪迹不可得，便回万木草堂了。随后著伟独自往罗浮，不知访那个高行道人。在罗浮得病，回家没有几天就死了，年仅二十三岁。一八九三年，著伟原在石星巢的翰墨池馆。有一天，陈千秋到该处访友，经过一房间，门未闭，墙上一副对联曰："我辈耐十年寒，供斯民衽席；朝廷具一副泪，闻天下笑声。"陈觉此人甚有道理，即时拜访。一见投契，因介绍他到卫边街和我同年进馆。著伟学问既好，辩才无碍，且有滑稽性。编书工作，徐君勉最积极。君勉名勤。逢编书日，有晏起未列席者，即入室干涉。康先生一次生病后，自书一张客约，贴在会客室。著伟仿他的语调，也写一张客约，贴在卧室里，请人让他多睡一会儿，中有两句曰："五更未睡不能起，木虱咬伤不能起。"粤语木虱即臭虫。墨家的无我博爱，可以梁启超作代表。他尝写了一部《墨经校释》，一部《墨子学案》。徐勤始终跟随康先生搞政治。学问无甚特长。

一八九一至一八九四这四年间，学生之各个家庭间，均有相当不安的冲动。康先生只主张废科举，而学生则力攻八股文，不肯考试。于是有父兄的家庭，大不以为然。谓不过考还读甚么书，如果要入万木草堂，则学费就不给了。康先生乃力劝同学们，不要如此以妨碍前途。谓："我且过考，诸君何妨强力为之，以慰父兄之心呢。"往后乃逐渐转变，且获得不少秀才举人。

七十年前的广东教育界有所谓冬馆。于岁晚务闲之时，作三个月之短期教育。此等冬馆，大多是两人合教。梁启超尝与韩云台合教于佛山。但是这种冬学，一定要在文学中有相当名望的人乃能招致学生。韩亦草堂学侣也。

以上我对万木草堂的回忆片断,时隔七十年,许多事情已记忆不清了。

(《文史资料选辑》第25辑)

附:南海先生七十寿言

梁启超

岁丁卯二月五日,实我本师南海康先生七十生日,上距广州长兴里万木草堂设教伊始三十有七年矣。同学著籍者遍天下,咸思所以为先生寿,其最初受业于门者及游宦于京邑者若而人则胥谋命启超为之辞。启超窃惟先生思以道援天下溺,恻恻焉数十年如一日,顾竟不得所藉手至于今。而世变愈棘,夷狄禽兽,交于中国,四民惨悴颠沛,不可终日。先生盖衋然忧伤,其不能一日展眉以为欢也。虽然,先生有天游焉,终日行不离辎重,而神明乃栖息乎方之外。以故一生所历劳苦患难,非恒人所堪,而常能无入而不自得。古之真人,盖有入水不濡,入火不热,寿不知其几,而颜色常如婴儿者。孔子有言:"智者乐,仁者寿。"先生惟仁也故有终身之忧,惟智也故不改其乐,仁且智故乐而寿,正惟弟子不能及也。先生之功在国家，与其学术之开拓千古，若悉说之将累万言不能尽。吾侪今日求所以乐先生者，请语草堂之乐以为乐可乎？

吾侪之初侍先生于长兴也，徒侣不满二十人，齿率在十五六乃至十八九之间，其弱冠以上者裁二三人耳，皆天真烂漫，而志气踸踔向上，相爱若昆弟，而先生视之犹子。堂中有书藏，先生自出其累代藏书置焉；有乐器库，先生督制琴竽干戚之属略备。先生每逾午则升坐讲古今学术源流，每讲辄历二三小时，讲者忘倦，听者亦忘倦。每听一度，则各各欢喜踊跃，自以为有所创获，退省则醰醰然有味历久而弥永也。向晦则燕见，率三四人入室旅谒，亦时有独造者。先生始则答问，继则广谭，因甲起乙，往往遂及道术。至广大至精微处，吾侪始学耳，能质疑献难者盖鲜有之，则先生大乐益纵，而所以诲之者益丰。每月夜吾侪则从游焉。粤秀山之麓，吾侪舞雩也，与先生或相期或不相期。然而春秋佳日，三五之夕，学海堂、菊坡精舍、红棉草堂、镇海楼一带，其无万木草堂师弟踪迹者盖寡。每游率以论文始，既乃杂遝泛滥于宇宙万有，芒乎沕乎，不知所终极。先生在则拱默以听，不在则主客论难锋起，声往往振林木；或联臂高歌，惊树中栖鸦拍拍起。於戏！学于万木，盖无日不乐，而此乐最殊胜矣。先生著《新学伪经考》方成，吾侪分任校雠；其著《孔子改制考》及《春秋董氏学》，则发凡起例诏吾侪分纂焉。吾侪坐是获所启发，各斐然有述作之志。其著《大同书》，覃思独造，莫能赞一辞；然每发一义，未尝不择其可语者相与商榷，陈礼去（吉）、曹著纬（伟）其最有异闻者也。抑先生虽以乐学教吾侪乎，然每语及国事杌陧，民生憔悴，外侮凭陵，辄慷慨欷歔，或至流涕。吾侪受其教则振荡怵惕，懔然于匹夫之责而不敢自放弃自暇逸。每出则举所闻以语亲戚朋旧，强聒而不舍，流俗骇怪指目之，谥曰"康党"，吾侪亦居之不疑也。

自长兴以后，而邝家祠，而府学宫，从游者岁增，动至数百千人。虽得朋日丰，而亲炙之时日不能遍给，乐稍替矣。既而公车上书、强学会、戊戌政变以迄今日，忽忽三十年，先生转徙海外之日强半，吾侪相从于患难中，其间零落凋谢，不一二数。今先生七十，吾侪亦皆垂垂老矣。各牵于人事，或经数岁不得合并；然每一侍坐，则先生谭兴之豪，与抚爱之切挚，一不减长兴时。吾侪深庆事先生之日方长，而所以鼓舞之使靖献于天下国家者，正未有艾也。

今国事诚有大不忍言者存，然剥极之后，会有其期。戊戌以后之新中国，惟先生实手辟之。今之少年，或能讥弹先生；然而导河积石，则孰非闻先生之风而兴者？事苟有济，成之何必在我！先生其亦或可稍纾悲悯，雍容扶杖，以待一阳之至也。

启超等或于役京国，或息影家园，或栖迟海外，不能一一抠衣趋祝。惟往往风晨雨夕相促膝话畴昔少年同学事，则心魂温馨而神志飞扬，谓为有生第一至乐，而知先生亦必有以乐乎此也。乃以所以乐先生者为先生寿，而属亲炙于侧者致辞焉。先生其将莞尔而笑曰："吾党之小子狂简犹昔也。"

（《饮冰室合集·文集之四十四·上》）

康有为像

戊戌前后康、梁史料补遗

一八九五年，“公车上书”失败后，北京松筠庵的保国会亦被查封。康有为就到桂林讲学去了。

一八九六年，梁启超到上海办起了《时务报》。《时务报》出版后风行一时。那时湖南巡抚陈宝箴、臬台黄遵宪，要在长沙办一个学堂，请梁启超去当校长。

恰在这时，钱塘县知县吴小村先生（四川达县人）打算在西湖找一个地方，买上千百元的书，把梁启超“关”在那里，再请一个英文教员、一个德文教员教他；让万木草堂的高材生麦孟华和我——他的兄弟陪伴他。需要什么书或其他用物，由我随时代买。吴先生准备把他“关”五年再放出来。

为梁启超的去处，黄遵宪同吴小村激烈地辩论了半年之久。黄遵宪认为：甲午战败，国势危急，《时务报》的影响很大，应该让梁启超出来搞政治活动。吴则主张说,梁启超不过一个二十四岁的青年,学问还没有大成就,让他出来搞政治岂不是害了他?还是让他学一两种欧洲文,对他的学问帮助大。争论的结果,黄遵宪胜利了。一八九六年冬,梁启超到长沙办时务学堂。假如吴小村先生的主张实现,则戊戌维新运动可能不会有梁启超参加了。

一八九八年戊戌变法失败后,政局紧张。维新党人提议康有为离开北京。康乃于九月中旬出京。同人计算康之行程仍在中途,未到香港,梁启超于是到日本使馆请求援康。日本公使说:"保护政治犯是国际法规定,是我们的义务。只要在可能范围内,无不尽力。"梁听说,即欲告辞。日本公使说:"你还能出去吗?"梁说:"政府所痛恨的就是康有为,我们其他人无所谓。"日本公使说:"错了,据我所闻,这回政府对于维新党人要一网打尽,你暂在这里听消息吧。"一会儿,谭嗣同也来了,目的与梁同。日公使一样地阻拦他告退,梁亦劝他稍留。谭说:"我与你不同,理由是:一、大概往后这十年八年,国内没有我们的立足地。逃亡的话,华侨多是广东人,我既不能讲英语,又不会粤语,一切活动能力都消失了,成为废料;二、我父亲在官,我跑了,一定株连家属;三、我有肺病,寿命不会很长了;四、世界史先例,政体转变,无不流血,让我来做个领头人吧。你该逃生,我则待死。"说完,和梁一拥抱,扬长而去。那时他的父亲谭继洵是湖北巡抚。

一八九八年九月二十一日,清廷开始逮捕维新党人,“六君子”入狱。九月二十八日,六人死于菜市口,刚毅为监斩官。行刑之前几分钟,谭嗣同还教训了他一顿。

康有为在沪港航程中,被一条英国兵船接往香港了。

梁启超在日本使馆,日本人为之剪发易服,随后送往天津日本领事馆。再由一武官陪同,用一小舢板送他前往停在塘沽之日本商轮。中国官方得到了他逃跑的消息。杨以德乘一条小轮船追他。舢板哪能逃脱得了?杨指着梁问日本武官:“这是谁?”那武官回答:“是我的学生。”又问:“你们到哪里去?”回答:“往塘沽打野鸭子。”杨让他们回天津说话,即用一根绳子把小舢板绑在小轮上往回拖。时值退潮,逆流而上,行船十分艰难。日本人对杨说:“你真笨,往下驶一点就是塘沽,到塘沽搭火车回天津多好?”杨一想,也对,乃令小轮向塘沽方向行驶。当时,有一条日本兵船驻防在塘沽。日本武官远远望见兵船,即打了一个信号,兵船开动警戒,迫令小轮停驶。梁启超和日本武官上了兵船。梁就这样跑到东京去了。后又自日本往檀香山活动。

以后,万木草堂弟子分头出发,往南洋各地活动。华侨踊跃捐献经费。国内汉口、广州继续进行秘密工作。议决汉口先举事,请梁回国以资号召。梁自檀香山搭轮船回上海,因途中船上死一传染病人,船在长崎港外停了四日进行消毒。梁至上海,汉口失败之消息已传来。牺牲了一名健将唐才常,与唐同死者有湖南时务学堂学生二十余人。广州之举亦停。梁转澳洲活动。时一九〇〇年夏。

(《文史资料选辑》第 108 辑)

梁启超(左)与光绪皇帝(中)、康有为(右)

病院笔记

今日为四月十二日，任兄出协和，在院凡三十五日，彼之病至此遂告一结束，余得而论次之矣。平心而论，余实不能认为协和医生之成功，只能谓之为束手。质而言之，即世界之医学，仍甚幼稚而已。科学万能，或为千百年后之事实，但必不在现代耳。

剖治之当日，力舒东谓余曰：下午五时许，当可将割出之腰肾查得其病情矣。五时半，余在协和见刘瑞恒，询以此事，彼云该更历两日，后数日余再问之，答亦如前。此后余亦不复问，盖问之亟，彼亦何尝不可用自己之理想造一方案以相告，所望宿病既除，从此健康耳。即不然，则已覆之甑，顾亦何益。后再历十余日，余见该院医生之举动诡异，于心窃有所疑，乃复追求其故，始知割后二十余日，尿中依然带血也。剖治时余未参观，但据力舒东之言，则当腰肾割出时，环视诸人皆愕然。力与刘作一谐语曰："非把他人之肾错割乎?"刘曰："分明从右胁剖开，取出者当然是右肾，焉得有错。"乃相视而笑。力又云，作副手之美国大夫，亦发一简单之语曰："吾生平所未之见也。"以此证之，则取出之肾，颜色与形状，一如常人，绝无怪异可知。继乃将此肾中剖之，则见中有一黑点，大如樱桃，即从照片上所见，疑以为瘤者，即此物也。未入协和之先，用牛七、杜仲之吴桃三，谓此病非急症，任其流血二三十年，亦无所不可。入院之后，医生谓已发见得有贫血之象征，身上之白血轮，较于常人，已少却五分之一，不亟治，则将成一人造之贫血症，而日就衰弱也。迨既割而血仍不止，病源亦复不可得，遂令余等得闻一新颖之名词，谓此乃"无理由之出血症"，与流鼻血略相似，任其流二三十年亦不相干。计人之流鼻血，或以血热，或以虚弱，或以震动，固各自有其理由。且血既不应出而出，当然是病的状态，天下岂有无理由之病，或公等未知其理由耳。且初入院时，谓血轮已少却五分之一，不亟治，将即死。今则曰，此等无理由之出血，流二三十年亦无伤。前何所见而后何所据，自相矛盾，一至于此。辛苦数十日，牺牲身体上之一机件，所得之结果，乃仅与中医之论断相同耶。中医之理想，虽不足以服病人，然西医之武断，亦岂可以服中医。总而言之，同是幼稚而已。

至于任兄之性情，亦复不可思议。得病已经年，家人劝彼就医，答曰“费事”，劝彼就瓶而溺，俾得交医生检查，答曰“费事”，如是不下数十次。迨未入协和之前一日，彼由清华来，余见其颜色有异，议论反常。后乃知其忽自疑为癌 Cancer，盖前年嫂氏之丧，乃膺此疾，故成惊弓之鸟，无端而自疑曰癌也癌也。余与彼为兄弟数十年，从未闻其作一颓唐语，今乃大异。因即促之入院再受检查，以安其心。日前在德医院，余之所以不愿其再查者，因见克礼似无甚把握，又见受蒙药时太辛苦耳。今彼之神经，若是其过敏，吾恐所受之刺激，必较甚于蒙药，乃毅然促其入协和。计彼得病以至于今，初则极端的不措意，一措意又复极端，此彼之所以为彼也。

至于刘瑞恒，以手术论，不能不谓为高明。割后绝不发热，且平复速而完好，虽则病人身体之强健，医生认为有异于常人，然亦良工也。但余颇嫌其年尚轻而任事未久，似觉炉火未纯。任兄之病必非癌，虽自非医生，亦可以想象而得。若癌已蔓延至于压逼肾脏而使之出血，更历一年，而犹不感受痛苦，天下岂有此等便宜事。后以此问诸医学者，亦皆谓然。且谓若为癌也，四个月即感苦痛，压迫内脏之后，不两月即当死。此等道理，刘瑞恒岂能不知。迨检查后，谓病在右肾，越一日，余问刘曰：“必非癌乎？”盖病人所最不放心者以此，家族亦因之而不放心，理之常也。而刘答曰："不一定不是癌。"余又问将以何法治之？答曰："全部割去。"医生而故作惊人语，似不应该，且未经剖视，即照片上亦未觉其变形，岂能遽断为必须全部割去？不太莽耶？试观后来彼等讨论治法之日，外科主任之所以答余问，何等周挚，彼即作刘副手之美国人也。闻此公乃一极有名之外科，未施手术之先，院中人有为余相庆者，谓此大夫两月后即返美国，君家之机会佳哉。今刘亦并未尝因手术之不良而生变，则最好亦不过如是耳，更无问题矣。但美大夫既诧割出之肾无异状，似以为不应因此而出血，设当日以彼主其事，是否竟毅然去之，不能无疑。今果已证明病源之不在此矣，此肾之被弃，能无冤乎。医生之言曰，左右肾之来管本相同，中道而分为二，又复合为一管以入膀胱，二者同是排泄器，无异职也。所以如此组织者，乃上帝之美术的观念，觉得分左右列，较为整齐而已。此滑稽之言也。今幸而左肾之排泄功能，绝无障碍，则亦不必追悔矣。

计刘之所以越俎而动者，乃徇任兄之请，任兄之所以请刘动手者，乃国际观念，谓余之病疗于中国学者之手，国之光也。一旦感情冲动，遂不惜以身试法，亦奇矣。任兄乃最富于情感之人，此亦彼之所以为彼也。

（《晨报副镌》，1926年5月29日）

病床日记

任公于四年前，即患小便出血症，当时因在清华讲学，城内各校时有定期讲演，异常忙碌；加以其夫人病体沉重，不可救治，任公以此种种关系，未暇医治。及其夫人病殁之后，任公失偶，情极难堪，仍在清华讲学如常，亦借此寄托，以过其难堪之日月也。其小便出血之症，由此愈剧。友人有劝其就医者，因先入德国医院，由克里大夫检查，结果不能断定病原所在。因改入协和医院，由协和泌尿科诸医检验，谓右肾有黑点，血由右边出，即断定右肾为小便出血之原因。任公向来笃信科学，其治学之道，亦无不以科学方法从事研究，故对西洋医学向极笃信，毅然一任协和处置。其友人中有劝其赴欧美就名医诊治者，有劝其不必割治，辞却一切事务专心调养者，有劝其别延中医，谓有某人亦同患此病，曾服某中医之药而见痊者，众论纷歧，莫衷一是。而任公微笑曰："协和为东方设备最完全之医院，余既信任之，不必多疑。"及右肾割去后，小便出血之症并未见轻，稍用心即复发，不用心时便血亦稍减。二三年来精神体力已大不如从前，时到协和打血针，约一个月一次，此法以生人之血补其血分之不足，打针后元气稍复。而任公因著述方面未完之工作甚多，虽友朋切劝而思潮时起，欲理旧业，仍不能绝对停止。近数月来，专以词曲自遣，拟撰一《辛稼轩年谱》。去年九月中因痔疾复发，未能脱稿，即来平，入协和割治，服泻药二星期之久，稍见轻。在院中仍托人觅关于辛稼轩材料，忽得《信州府志》等书数类，狂喜携书出院，痔疾并未见好，即驰回天津，仍带泻药到津服用。拟一面服泻药，一面继续《辛稼轩年谱》之著作。未及数日，即发微热，延日医田邨氏诊治未见有效，热度不稍退，体气渐就衰弱，在津寓约四五十日，衰弱日甚，渐至舌强神昏，几至不起。去年十一月二十七日，乃弟仲策（启勋）到津视疾，遂偕至平入协和医院诊治。经该校教授柏格兰发见痰内有毒菌，在肺部及左肋之间。此病在美国威士康辛地方有三人曾罹此病，其一已死，其一治愈，一人尚医治中。在病原未发见以前，任公以其病不治，亲嘱家人以其尸身剖验，务求病原之所在，以供医学界之参考。一月十一日任公拟预备自祝六十岁寿，请其友人作文百篇，请林宰平作关于任公之佛学研究，罗复庵作任公书法。一月十五日病势垂危，至临终时，无一语遗嘱云云。

（此为记者择要摘录其日记大意）

（《大公报》，1929 年 1 月 21 日）

附：我的病与协和医院

梁启超

近来因为我的病，成了医学界小小的一个问题。北京社会最流行的读物——《现代评论》《晨报副镌》，关于这件事，都有所论列。我想，我自己有说几句的必要！一来，许多的亲友们，不知道手术后我的病态何如，都狠（很）担心，我应该借这个机会报告一下。二来，怕社会上对于协和惹起误会，我应该凭我良心为相当的辩护。三来，怕社会上或者因为这件事对于医学或其它科学生出不良的反动观念。应该把我的感想和主张顺带说一说：

我的便血病已经一年多了。因为又不痛又不痒身体没有一点感觉衰弱；精神没有一点感觉颓败；所以我简直不把他当做一回事。去年下半年，也算得我全生涯中工作最努力时期中之一。六个月内，著作约十余万言；每星期讲演时间平均八点钟内外；

本来未免太过了。到阳历年底，拿小便给清华校医一验，说是含有血质百分之七十，我才少为有一点着急，找德国、日本各医生看，吃了一个多月的药，打了许多的针，一点不见效验。后来各医生说："小便不含有毒菌，当然不是淋症之类。那么，只有三种病源：一是尿石，二是结核，三是肿疡物。肿疡又有两种：一是善性的——赘瘤之类；二是恶性的——癌病。但既不痛，必非尿石；既不发热，必非结核；剩下只有肿疡这一途。但非住医院用折光镜检察之后，不能断定。"因此入德国医院住了半个月。检察过三次，因为器械不甚精良，检察不出来，我便退院了。

我对于我自己的体子，向来是狠(很)恃强的。但是，听见一个"癌"字，便惊心动魄。因为前年我的夫人便死在这个癌上头。这个病与体质之强弱无关，他一来便是要命！我听到这些话，沉吟了许多天。我想，总要彻底检查；不是他，最好；若是他，我想把他割了过后，趁他未再发以前，屏弃百事，收缩范围，完成我这部《中国文化史》的工作。同时我要打电报把我的爱女从美洲叫回来，和我多亲近些时候——这是我进协和前一天的感想。

进协和后，仔细检查：第一回，用折光镜试验尿管，无病；试验膀胱，无病；试验肾脏，左肾分泌出来，其清如水；右肾却分泌鲜血。第二回，用一种药注射，医生说："若分泌功能良好，经五分钟那药便随小便而出。"注射进去，左肾果然五分钟便分泌了。

右肾却迟之又久。第三回,用 X 光线照见右肾里头有一个黑点,那黑点当然该是肿疡物。这种检察都是我自己亲眼看得狠(很)明白的;所以医生和我都认定“罪人斯得”,毫无疑义了。至于这右肾的黑点是什么东西?医生说:“非割开后不能预断;但以理推之,大约是善性的瘤,不是恶性的癌。虽一时不割未尝不可,但非割不能断根。”——医生诊断,大略如此。我和我的家族都坦然主张割治。虽然有许多亲友好意的拦阻,我也只好不理会。

割的时候,我上了迷药,当然不知道情形。后来才晓得割下来的右肾并未有肿疡物。但是割后一个礼拜内,觉得便血全清了。我们当然狠(很)高兴。后来据医生说:“那一个礼拜内并未全清,不过肉眼看不出有血罢了。”一个礼拜后,自己也看见颜色并没有十分清楚。后来便转到内科。内科医生几番再诊查的结果,说是“一种无理由的出血,与身体绝无妨害;不过血管稍带硬性,食些药把他变软就好了。”——这是在协和三十五天内所经过的情形。

出院之后,直到今日,我还是继续吃协和的药。病虽然没有清楚,但是比未受手术以前的确好了许多。从前每次小便都有血,现在不过隔几天偶然一见。从前红得可怕,现在虽偶发的时候,颜色也狠(很)淡。我自己细细的试验,大概走路稍多,或睡眠不足,便一定带血。只要静养,便与常人无异。想我若是真能抛弃百事绝对的休息，三两个月后，应该完全复原，至于其它的病态，一点都没有。虽然经过狠(很)重大的手术，因为医生的技术精良，我的体子本来强状(壮)，割治后十天，精神已经如常，现在越发健实了。敬告相爱的亲友们，千万不必为我忧虑。

右肾是否一定该割，这是医学上的问题，我们门外汉无从判断。但是那三次诊断的时候，我不过受局部迷药，神志依然清楚；所以诊查的结(果)，我是逐层逐层看得很明白的。据那时候的看法，罪在右肾，断无可疑。后来回想，或者他“罪不至死”或者“罚不当其罪”也未可知，当时是否可以“刀下留人”除了专门家，狠(很)难知道。但是右肾有毛病，大概无可疑。说是医生孟浪，我觉得是冤枉。

“无理由的出血”这句话，本来有点非科学的。但是我病了一年多，精神如故，大概“与身体无妨害”这句话是靠得住了。理由呢，据近来我自己的实验，大概心身的劳动，总和这个病有些关系。或者这便是“无理由的理由”。

协和这回对于我的病，实在狠(很)用心。各位医生经过多次讨论，异常郑重。住院期间，对于我十二分恳切。我真是出于至诚的感谢他们。协和组织完善，研究精神及方法，都是最进步的，他对于我们中国医学的前途，负有极大的责任和希望。我住院一个多月，令我十分感动，我希望我们言论界对于协和常常取奖进的态度,不可取摧残的态度。

科学呢,本来是无涯涘的。牛顿临死的时候说,他所得的智识,不过像小孩子在海边拾几个蚌壳一般。海上的“宗庙之美,百官之富”,还没有看到万分之一。这话真是对。但是我们不能因为现代人科学智识还幼稚,便根本怀疑到科学这样东西。即如我这点小小的病,虽然诊查的结果,不如医生所预期,也许不过偶然例外。至于诊病应该用这种严密的检察,不能像中国旧医那些“阴阳五行”的瞎猜。这是毫无比较的余地的。我盼望社会上,别要借我这回病为口实,生出一种反动的怪论,为中国医学前途进步之障碍。——这是我发表这篇短文章的微意。

梁启超与子女

(《晨报副镌》,1926年6月2日)

先兄梁启超书联

今年任兄忽发奇兴，自书春联，遍榜楹柱，庭院为之一新。大门一联曰："卿自用卿法；吾亦爱吾庐。"北屋联曰："周旋唯我与我久；自处在材不材间。"客厅联曰："未能小隐聊中隐；忽悟今年老去年。"书房联曰："门前学种先生柳；日暮聊为梁父吟。"西屋联曰："能招过客饮文字；闲看儿童捉柳花。"马号联曰："岂有雄心骋老骥；不妨余兴看游猪。"盖马号比邻乃旧国会议员之一机关，用乾隆御制诗"夕阳芳草见游猪"之典故也(《晨报星期画报》1926 年 5 月 9 日第 34 号刊有《夕阳芳草见游猪》一文，节录如下："去秋梁任公先生宴客新月社，座中皆一时俊彦，酒酣耳热，各道奇闻怪事，共相乐笑。任公因谓'昨阅乾隆御制诗，有句甚奇，我可诵其六言，末字留与大家一猜，但恐不易猜中耳。'即朗吟曰：'夕阳芳草见游……'有便捷者谓'见游女乎？'任公曰：

‘是歇句，平仄未尝不叶，且属走兽。’一时猜者甚多，牛羊之属，凡可以入诗者历举殆遍，竟无一中者。任公曰：‘字并不奇，“猪”也。’众客无不鼓掌称妙。盖古时帝王，深居简出，豕彘不畜于上苑，在村夫市贩所习见者，而彼反以为奇，即景咏诗，描写所见，遂成千古之名句，费大家之推敲。其时有二画家在座，一为王梦白，一为姚茫父，二人兴之所至，索纸作画。梦白善绘走兽，执毫为写三猪，茫父补写夕阳芳草，任公录乾隆御制名句，题之其上，茫父兴犹未尽，即席又赋一诗，因原句为乾隆所作，戏效应制体，成五言六韵一首，书之左侧，一时传为佳话。”）。除夕不成寐，乃尽用其联语，成《水调歌头》一阕，以博任兄一笑。

卿自用卿法，吾亦爱吾庐，材与不材奚择，呼马或呼牛，斗大王城堪隐，相与周旋唯我，对影几绸缪。忽悟今更老，颇似去年不，看儿辈，捉柳絮，闹鞦鞦。老夫尽日无事，梁父发清讴。杨柳千条门外，书拥百城南面，何必觅封侯。过客饮文字，余兴看游猪。

（《晨报星期画报》36 号，1926 年 5 月 23 日）

“夕阳芳草见游猪”

清高宗作太平天子六十年，闲暇无事，因常得肆情于山水间，且到处留题。其作品有“夕阳芳草见游猪”之句。真可谓妙想天开。夕阳芳草下而可以著一“猪”字，此帝王之所以为帝王也。然而亦不必大惊小怪。须知帝王自是生于深宫之中，岂同田家子。彼与老猪相见之机会原甚少，乍见此物之态度雍容，举止闲雅，自觉新奇可喜，可以入诗，亦固其所。

民国十四五年间，一日叙于友人家，偶举此事作谈助。众曰妙，不可不略为渲染以广其传。于是展纸作画，姚茫父画夕阳芳草，王梦白画猪，各尽其妙，佳作也。画既成，茫父更题试帖诗一首于其端，妙绪横生。诗曰：

赋得夕阳芳草见游猪(得游字五言六韵)

不觉悠然见，群猪正尔游。夕阳随地没，芳草贴天柔。
陇外牛羊下，望中山水秋。尾摇红暗淡，蹄认绿夷犹。
有幸陪龙仗，无端助凤楼。不因三写误，句向御题求。

此一首可称试帖诗之正格。游字谓之官韵。官韵必须押在第一联或第二联。前四句谓之破题，须把题目字全数嵌入。如首句嵌“见”字，次句嵌“猪”字“游”字，三句嵌“夕阳”二字，四句嵌“芳草”二字是也。若能把夕字与阳字分开，芳字与草字分开，勿联嵌，则更佳。故此诗若在科场里，中则必中，但不能得元矣。又第三联谓之领起，故第五句以“牛羊”衬“猪”字，第六句以“山水”衬“草”字。且日之夕矣，牛羊下来，又可以照应夕阳。第四联谓之拍题，写猪之正面，而第七句以“红”字贴“夕阳”，第八句以“绿”字贴“芳草”，此一定之格局也。斗技巧于文字之外，束缚性灵，科举之可恶即在此。然而此乃文章技术之一种，韵文之一格，故无论如何，在中国文学史上亦占一位置。

诗之起句“悠然见”三字，亦须附带说明。当日席上有述某公之近事者曰，某公自解甲而至于挂冠以还，迩来过其林下岁月，颇好为诗，尤以拟陶之作为特多，盖心仪靖节之为人，且每以陶渊明自况云。闻者曰，陶与某之品格及其生平，相去太远，未免拟不于伦。其人曰不然。两人之品虽不同，而形则有极相似之一点，某斜眼，陶亦斜眼也。问某之斜是矣，陶何以知其然。曰有诗为证。陶之“饮酒”诗曰，“采菊东篱下，悠然见南山。”诸君思之，面东而得见南方景物，非斜眼其能若是乎，且可断其必向右斜也。此姚作悠然见三字之所由来也。

（《曼殊室随笔·杂论第十则》）

又：东坡《孙莘老寄墨》诗曰：“吾穷本坐诗，久服朋友戒。五年江湖上，闭口洗残债。今来复稍稍，快痒如爬疥。”又《次韵答刘景文》诗曰：“故应好语如爬痒，有味难名只自知。”真可谓语妙天下。金圣叹与王斫山之夜谭快语，只是窃取坡公之意而已。

清高宗御制诗曰“夕阳芳草见游猪”，传为笑柄，咸谓若只发表前六字，当无有能猜得第七字者，因猪字之与夕阳芳草，未免雅俗不伦也。但东坡有句曰，“绿荷深处有游龟”。句法之组织，体物之微妙，思想之神秘，与清高宗之佳句究有何分别，何以竟无指而摘之者，此非有幸有不幸欤。

（《曼殊室随笔·杂论第一二九则》）

夕阳芳草见游猪图

先兄尝谓作近体诗不宜多用叠字

先兄尝谓作近体诗不宜多用叠字,盖以五言或七言之绝与律,其容积乃自二十字至五十六字而止,故作法只应含蓄蕴藉,取弦外之音,能于窄范围内容纳多量之意境庶为上品,若叠一字即少一字之容积,殊非所宜。此说自是至理,然亦视作者之技术何如耳。若能将一联之精神全灌注于此叠字上,使其余之三字或五字反专为烘托此两叠字而设,则叠亦无妨。如杜诗之"江天漠漠鸟双去,风雨时时龙一吟",及遗山之"寒波澹澹起,白鸟悠悠下"之类是也。

癸酉七夕,尝倚声作《夜飞鹊词》一首,中有句曰:"流萤时被众星乱,掠檐低堕还飞。"时正在郊外消夏,小儿女陈瓜果于中庭,流萤乱点,盖写实也。后读杜诗有"见萤火"一首,中有句曰:"忽惊屋里琴书冷,复乱檐前星宿稀。"杜诗虽尝数读,但此首却并不在记忆中。可见意境若纯任自然,亦未尝不可与古人合。

(《曼殊室随笔·杂论第六十五则》)

先兄尝论河流之迁徙

先兄尝论河流之迁徙曰:“推原河徙之故,其一由天灾之骤发,其二由工事之失修,其三由列国之曲防。”斯三者乃专就天时人事而论。吾以为地理上亦似有极大关系。山东海岸之地势似较高于腹地,观于河面之宽窄足以证之。即以铁路两干线之黄河铁桥而论,平汉路之铁桥长三千零十米达,约九千余尺;而津浦路之铁桥则为一千二百五十五米达,不满四千尺,尚不及平汉铁桥之半,实大背乎常理。凡属河道,下游之河面必较广于上游,而入海处则尤广,势使然也;唯黄河则反是,可为海岸高于腹地之证。若是则下游之水势必渐缓而沉淀必多,因而易于淤塞,亦势使然也。地势既不顺则随时迁徙,乃自然之结果。若此推测不谬,则水含多量之沙,致易冗塞,将成河患之第二原因矣。包头之河面,泱泱大风,愈东则愈窄。津浦桥底,除两岸之沙滩外，中间只是一小沟而已。纵或津浦路觅得一最窄之地筑桥，未可据为定律；然与中部相差一千七百五十米达，计五千二百余尺，且当下游入海不远处，谓海岸较高，恐非偶然，或不为武断也。

（《曼殊室随笔·杂论第八十九则》）

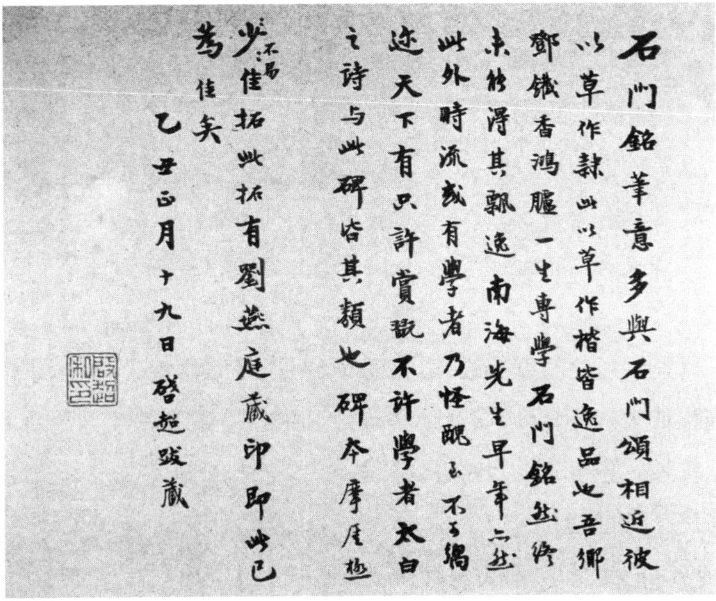

梁启超书法

发箧得两扇面

发箧得两扇面，虫蛀鼠啮，已不复能保存。一为团扇，上有赵尧生熙写与任兄五言律一首，诗曰：

开辟夜不尽，苍苍华藏秋。中天一明月，万古此高楼。
呼吸通星宿，华夷判地球。雪山五万里，栏外是神州。

诗之后复媵以一跋，曰：（壬子仲夏，渡海访任公先生，孝怀属以诗为贽，因录峨嵋绝顶小诗，并画如后，稍见微诚。）画乃古松一株。尧生先生乃四川荣县之名诗人，壬子即民国元年，当是避乱东渡也。

其一为折扇，有番禺韩树园文举赠余五言律一首，诗曰：

相见我白首，君已半华颠。出入三千界，减增十二年。
悦心唯有酒，识趣可无弦。匆尔遽云别，离群各自贤。

树园乃万木草堂同学，长于余十二岁，沉默寡言，无书不读，著述甚富，迄未印行。长值乱离，穷愁潦倒，诗殊苍劲。此一首乃民国十六年，北来京国，临别赠余者。

（《曼殊室随笔·杂论第一〇六则》）

梁启超书扇面

旅日时期之“绝对”

戊戌后，先兄旅居日本。庚子之冬，章太炎往视之。一日，两人同在横滨新民主报馆之斗室中，章曰，余渡海时，于舟中偶得一联，未能成对。曰：“今古三更生，中垒北江南海。”盖戊戌八月康南海先生以九死一生，幸而免，故亦自号为更生也，中北南乃方位，垒江海皆地理，三者平列，而首句则已将“三”字用上，自是绝对。当日同人，亦只有赞叹而已，无敢着想者。

事隔二十年，于民国九年秋，余往宣武门外香炉营头条唯一报馆访一人，有符九铭在坐，偶举章之联语以资谈助。不十五分钟而九铭曰，得之矣。曰：“世间一长物，孔兄墨哥佛郎。”孔墨佛乃宗教，兄哥郎则人伦，三位一体，而以一身之外无长物之成语运用之，可称巧思。

自清中叶以迄民初，华中华南尽流通墨西哥银元，至熊希龄内阁颁布币制条例后，墨银乃绝迹。是故三十上下岁之人读此联已减少兴趣矣，因墨西哥银元为目所未睹故也。文章固有时代性，此类是已。

对联文艺，唯中国为能有之。欧西文字，虽亦字有虚实，音有高低，但阴阳四声之间，不能如中国之严格规定。且非一字一音，尤乖所宜。是以对联律诗律赋骈文等类之文艺，根本不能产生。模仿乃动物天性，尤为人类之所长。然而万事万物可以模仿，唯欲以欧西文字作骈语，可决其为不可能。长林丰草，终究是两件事，根不同也。

（《曼殊室随笔·杂论第一四九则》）

《辛稼轩先生年谱》跋

伯兄所著《辛稼轩先生年谱》,属稿于十七年九月十日,不旬日而痔疮发,乃于同月之二十七日入协和医院就医,病榻岑寂,惟以书自遣,无意中获得资料数种,可为著述之助,遂不俟全愈,携药出院,于十月五日回天津,执笔侧身坐,继续草此稿,如是者凡七日,至月之十二日,不能支,乃搁笔卧床,旋又到北平,入医院,遂以不起。谱中录存稼轩《祭朱晦翁文》,至"凛凛犹生"之"生"字,实伯兄生平所书最后之一字矣。时则十二日午后三时许也。稼轩先生卒于宁宗开禧三年丁卯九月初十日,年六十又八。此谱止于六十一岁,尚缺七年未竟。

(民国)十八年十一月十二日启勋谨跋

《稼轩词疏证》序例

人之思想变化，每与时代及环境为因缘，若作品不编年，则无以见其迁移之痕迹。稼轩先生词品，上承北宋之正声，下开南宋之别派，雄风杰调，横绝一时。在文学上之地位，自足千古。但传世词六百数十首，坊本皆以调为别，无时代性。伯兄久欲为之次第，然全集词题之有甲子，及词句中略有年代可追求者，不过四十余首，尚不及十分之一，颇感困难。初欲以地为别，循先生宦游之足迹为先后，分建康、临安、滁州、豫章、湖湘、带湖、三山、瓢泉、会稽、京口十项目。此法似甚便，然地有重至者，如建康、豫章、带湖是也。

若用空间，则失时间，仍非本旨。戊辰之夏，伯兄尝用武进陶氏涉园景宋淳熙三卷本，校临桂王氏四印斋景元大德信州十二卷本竟，并随笔写考证数十条于信州本之眉。秋九月，始属稿著先生年谱,原拟谱成而后编其词。继又获见明吴讷《唐宋百家词》所收之四卷本,甲集乃先生门人范开辑,有淳熙戊申元日之序文,从知甲集词,皆先生四十八岁以前作品,最为确据。乙集不知何人辑,然据伯兄钩稽所得,无闽中词,知是成于绍、熙辛亥。丙丁两集颇乱杂,通各时代皆有,但无浙东词,知是成于嘉、泰辛酉。伯兄谓四卷本所收词截止于庆元庚申,似有误。因丙集有辛酉生日前两日之"柳梢青"词一首,知是截止于辛酉,因即以此为依据,将各词系于谱中,而加以考证。岂意谱尚未完,而病猝发,竟以不起,所志中断。启勋不自惴其谫陋,继伯兄未竟之业,将宋四卷本,信州十二卷本,并辛敬甫从永乐大典辑得之补遗,集合而诠次之,去其误入与重出,得词六百二十二首。又于《青波别志》辑得一首,共为六百二十三首,是为先生传世词之总数。虽其中有一二首曾发生真伪之辩,但未得有力之反证,自不容否认。于是专从并时人之诗文词集觅证据,以推求年代。结果尚不负初志。十月十九日始属稿,于每首之下,先录饮冰室校勘(《历代诗余》之异同则为启勋所校),次录饮冰室考证,又次为启勋之案语,其间有因伯兄翻检未周,考证不甚正确者,则修正之;未备者,则补充之。名曰《稼轩词疏证》,词取断句,悉依万氏词律分韵,叶、句、豆韵与叶用圈,句则加点于字旁,而豆则加点于字间。凡此符号,则为心之所裁。全集分为六卷,以年为序。卷一、卷二，为淳熙丁未以前词；卷三，为戊己庚辛四年间词；卷四、卷五，为壬子至辛酉之十年间词。卷六，则为壬戌以后四卷本所未收之词。每卷于目录之先，标出年与岁及所在地，用存伯兄以地为纲之意云尔。十八年十二月一日启勋记。

补记

伯兄尝语余曰，稼轩先生之人格与事业，未免为其雄杰之词所掩。使世人仅以词人目先生，则失之远矣。意欲提出整个之“辛弃疾”以公诸世。其作《辛稼轩年谱》之动机实缘于此。所志未竟而遽忧然，可为深惜。余不文，不敢为先生作传。且每见古人之传总不免有作者之主观语，难得真相。盖有时因行文之便，此病最易犯也。今但列举客观之事实，以供读者之想象（略）。虽只区区十条，似亦可以表现先生之全人格矣。启勋又记。

（《稼轩词疏证》，梁启超辑，梁启勋疏证）

书《稼轩先生南归后之年表》后

右表(《稼轩先生南归后之年表》)乃客岁十二月廿二所编制。近正拟将全书付雕刻,昨从子廷灿,复从伯兄遗稿中,检得与稼轩词有关系之文字两篇,一跋四卷本,一跋十二卷本以外诸词,皆余当时所未及见者。首篇之中段,略叙稼翁二十九岁以后之踪迹。纪年与此表每多出入。即较于伯兄所著之《稼轩年谱》,亦微有异同,盖此跋之作,乃在年谱属稿之前十四日,未详加考订故也。次篇对于前人所怀疑之数阕,畧为评判。然此书乃辑而非选,词既见于宋四卷本,辑者自不必负别择去留之责,亦伯兄所谓"过而存之"之意焉。而去腊此书脱稿时,正恨不及乞得伯兄一序文,兹即将斯二稿影印,以为开卷之冠。十九年九月十六日,启勋记。

(《稼轩词疏证》,梁启超辑,梁启勋疏证)

《清代学术概论讲稿》题跋

此册共二十七纸。前廿六篇乃(民国)七年戊午之夏,伯兄在天津家居与儿曹讲学之备忘录。由今观之,实《清代学术概论》之胚胎矣。纸上涂鸦,乃当日儿曹之手笔。最后一纸则为十七年戊辰初秋,著《稼轩年谱》时,计算词集总数之稿纸。彊村本之《稼轩词补遗》中有伯兄一跋,谓戊辰立秋后二日,得见明吴讷本之《稼轩词丁集》,云纸上朱笔乃计算丁集词,以知为初秋手笔。十八年己巳十二月十八日,启勋记。

梁启超《袁世凯之解剖》手稿题跋

此稿作于滇黔军兴之后，袁未死之先，当在丙辰春夏之间。全稿似未成，即已成者。恐亦不止此数。此二十一纸不知何时入于余之笥底也，捡付装潢以作永宝。（民国）十八年七月一日。启勋记。

梁启超上父亲书（四通）

一、一九一六年三月十八日

父亲大人膝下，敬禀者：

儿现在海防，明日便入广西，应陆将军之招也。初八日，过香港，因行踪须密，故不登岸。又虑大人惊忧，故不先禀告，今儿不久到广东矣，侍奉之日在即，谨先以数语报平安，藉纾慈念。

肃此，敬请

福安！

儿宏叩禀。阳历三月十八日。

二、一九一六年四月十五日

父亲大人膝下：

儿现在梧州行营，约明后日便下肇庆。粤中各界，虽竭诚欢迎。然人心难测。惟有节节进取，必须俟前队兵力巩固，始行前进。自闻海珠之变，此间益加慎重，必不至立于险地。请纾慈注。

肃此，敬请

福安！

儿启超叩禀。四月十五日。

三、一九一六年五月十八日

父亲大人膝下，敬禀者：

儿在军中一切安善，请纾慈念。粤事纠纷颇难解决，日内或遂旋军返桂，不复来粤矣。儿无论在何处，皆知谨慎，在桂军中，万无一失，务乞安心。

此请

福安！

儿宏叩禀。十八号。

四、一九一六年五月二十三日

父亲大人膝下：

儿十八日由港起行，廿一晨到沪，途间甚安，现住处尚未定，仍暂借寓友人家耳。日内须一游日本,或往浙江。现事势日顺,大局或便可解决,儿一切起居饮食,皆格外慎重,望纾慈念。

此请

福安!

儿启超叩禀。五月廿三日。

(信封一:舍弟仲策亲启)

(信封二:香港永乐街同德安宝号梁仲策先生启)

跋语

右八纸并两信封,乃在护国军中发,时未闻丧,故所上先君子之四纸亦入余手,时余则奔丧在港也。蒋百里题《攒泪帖》所谓每见伯兄落笔写"父亲大人膝下"数字,辄不忍睹而亟避去者,即此四纸矣!壬申十月廿三日发箧得之,汇存于此。启勋记。

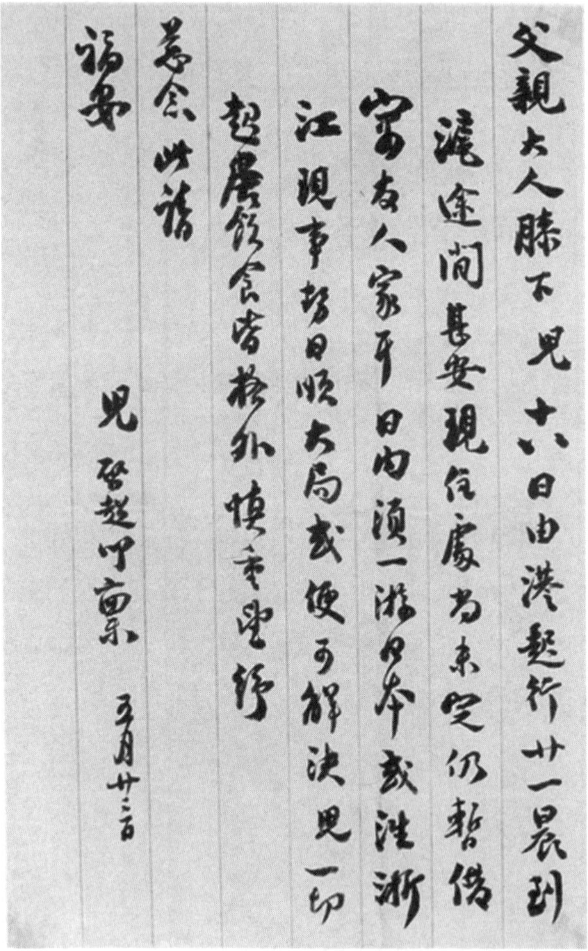

父親大人膝下 兒十六日由港起行廿一晨到

滬途間甚安現住處尚未定仍暫借

寓友人家再日內須一游日本或往浙

江現事勢日順大局或便可解決惟一切

起居飲食諸務外慎重望紓

慕念 此請

福安

兒啓超叩稟

五月廿二日

梁启超致父亲的信

我的老师梁启超

——吴其昌

梁氏幼年的家庭生活及家乡环境

镌留着悲壮史迹的“崖山”熊子乡

熊子乡——这梁氏降生的地点，也足够刺激梁氏一生之荣誉和热血。何以故？梁氏自己就曾说过：

> 余乡人也，于赤县神州有当秦、汉之交，屹然独立群雄之表数千年，用其地与其人，称蛮夷大长！留英雄之名誉于历史上之一省。于其省也，有当宋、元之交，我黄帝子孙与北狄异种血战不胜，君臣殉国，自沉崖山！留悲愤之纪念于历史上之一县。是即余之故乡也。……余实中国南端之一岛民也。
>
> （《三十自述》）

梁氏以一“数百年栖于山谷”而为“岛民”之特质，而自幼即受本乡过去“光荣”和“悲痛”两大纪念之刺激，梁氏一生命运“种子的熏习”，即奠基于此时。

祖榻上的口训

他脑海熏习中所受最早、最洁、最纯和一生印象最深的，当推他祖父梁维清的口训。

> 余逮事王父者十九年。……王父爱余尤甚。四五岁，在王父及母膝下授四子书、《诗经》。夜则就睡王父榻，日与言古豪杰、哲人嘉言懿行。而尤喜举亡宋、亡明国难之事，津津道之！
>
> （《三十自述》）

后来，梁氏虽然受“康党”所挟持，不能始终追随中山先生以倒清王朝，但他在光绪三十一年（1905 年）所发表的言论，竟是一个激烈的革命党！

> ……鄙人诚非有爱于满洲人也。……鄙人虽无似，一“多血多泪”之人也。每读《扬州十日记》《嘉定屠城纪略》，

未尝不热血溢涌！故数年前主张“排满论”，虽师友督责日至，曾不肯即自变其说。至今日而此种思想蟠结胸中，每当酒酣耳热，犹时或间发而不能自制。苟思有道焉，可以救国，而并可以复仇者，鄙人虽木石，宁能无歆焉！

（《伸论种族革命与政治革命之得失》）

像这种明确痛快的文章，真可与当时革命党的宣传品的笔锋，交相比美。严复批评“梁氏实为亡清代二百六十年社稷之人！”（见《学衡杂志·严几道与熊纯如手书》）虽然未免推奖过甚，然而他的首先发难的功绩，实在是不容否认。而梁氏也曾说：

当光绪、宣统之间，全国有智识、有血性的人，可算没有一个不是革命党。但……手段却有小小差异：一派注重种族革命，说是只要把满洲人撵跑了，不愁政治不清明。一派注重政治革命，说是把民治机关建设起来，不愁满洲人不跑。

（《时事杂论·辛亥革命的意义》）

这话可以代表当时多少有血性的人的意见，虽不可知，但无论如何,却确确实实可以代表梁氏个人当时的意志和行动。

开始离乡——睁开眼睛了

童年的梁启超,究竟不过是一个不见世面、孤栖山海的“岛民”,然则他后来一生的政治、民族、文化等意识,是怎么样养成的呢?他虽然是一个聪明绝顶的天才:六岁,五经卒业。九岁,能做千言的文章。十二岁,便中秀才。可是天天所埋头钻研的,不过是“八股”。虽是他自己极其讨厌“八股”,然而不知天地间除了“八股”以外,还有所谓“学问”!他说:

> ……余自先世数百年,栖于山谷。族之伯叔兄弟,且耕且读,不问世事,如桃源中人。余生九年,乃始游他县。生十七年,乃始游他省。犹了了然无大志。梦梦然不知有天下事!余盖完全无缺,不带杂质之乡人也。
>
> (《夏威夷游记》)

中了秀才以后怎么办呢?

> ……十三岁,始知有段、王训诂之学,大好之。……时肄业于省会之学海堂。堂为嘉庆间阮元所立,以训诂、词章

课粤人者也。至是乃决舍帖括(即八股),以从事于此。然不知天地间于训诂、词章之外,更有所谓“学”也。

(《三十自述》)

那时全国所通行的口号,连“灶下老婢”都知道的,叫作“穷秀才,富举人!”“一举成名天下闻!”中了举人,那还了得！而梁启超十七岁就中了举人。主考官为贵阳李端棻,酷爱这位青年新贵,认为“国士无双”,打破社会地位的悬殊,就把他的妹妹许配给梁氏,并且就携挈着同赴北京去殿试。这回可下了第。好得很哩,如果梁启超十八岁就点了翰林的话,那么轰轰烈烈“戊戌政变”的主角,没有梁启超其人了。而梁氏如不经过十四年亡命生涯,那么这期间可泣可歌的雄文,也不会流传于天地间了。

下第归上海,购得《瀛寰志略》,才知道全球五大洲的形势及世界万国的部位大小,原来如此。于是索性把江南制造局所译的新书,大部是天、算、医、工、理、化等著作,不管懂不懂,都挪来硬读一顿,虽然不能消化,可是新生命和新血液,就此开始灌注入梁氏的体中了。

(《梁启超》一文之第七节,吴其昌撰)

康梁会接：关于梁启超思想、学术、政治的渊源

这里我们要叙说到梁氏的老师——决定梁氏半生命运的老师兼党魁，一位过渡时代必须牺牲的失败怪杰——叫作康有为的故事了。

康有为氏的速写

那绰号叫作"圣人为"或"康圣人"的怪杰，他是广东南海县人。出身于理学名门的宦族。原名祖诒，字广夏，号长素。少时受业于名儒朱九江先生甚久——这位朱次琦是调和理学上的程朱、陆王两派而不讲考据的学者。康学终生以此为基础。但康是一位野心蓬勃、开展前进、活泼飞跃的人。而港粤又是西洋文明的精华及渣滓杂凑之地。康的前进欲与求知欲，大大感觉不够。于是一人独居在西樵山上四年，把那时译出来

的西洋学说,“皆初级普通学,及工艺、兵法、医学之书,及耶稣经典”等一顿乱读,又乱读一顿佛经,乱翻一顿九通,便自以为“学贯天人”,思通六教,包罗古今中外,新旧博通,“内圣外王”的盖世奇才、通人、大儒了。其实,以他的这样毫无科学训练的脑筋,毫无基本科学的常识,一人在山,把西洋科学、印度佛学、中国经史理学,乱读杂翻,胡思玄想,忽然自以为“恍然大悟”,说出来那真是“妙不可言”! 他不知道这不过是“知识欲的冲动”,而绝不是“求学问的正确轨道”。然而因其鹤立于一般“冬烘秀才”“腐朽大老”之上,致养成他“予智自圣”的夸大狂态度,不肯随时代而进步,到底被时代所遗弃而消杀! 哀哉! 那时候康氏才二十八岁。

这大胆勇猛的“圣人为”,“自光绪十五年(1889年),即以一诸生伏阙上书极陈时局,请及时变法以图自强。……甲午败后,又联合公车千余人,上书申前议。……自此以后,四年之间,凡七上书。其不达也如故,其频上也如故。举国流俗非笑之、唾骂之……先生若为不闻也者。……”(《南海康先生传》)他的“热诚”与“胆气”,倒真可佩服。

万木草堂的内容

康氏就在这上书不达的时候,在广州长兴里万木草堂,开门讲学。这颇著一时盛名的长兴学舍，虽然仍是以前“书院”的形式，而智德体三育并重和课程的分设，颇有后来文法科大学的规模。他自任“总教授”“总监督”。另设“博文科学长”，类似教务长。“约礼科学长”，类似训导长。“干城科学长”，类似军训及体育主任。“书器科监督”，类似图书馆长。他们的课本是：宋元明儒学案、二十四史、《文献通考》等。“凡学生，人置一札记簿，每日各自记其内学、外学：及读书所心得，时事所见及，以自课。每朔则缴呈之，先生（康）为之批评焉。”（《南海康先生传》）

长兴学舍的教育大纲表

兹记录当时长兴学舍的教育大纲，造一学表如下表：

见下页

梁氏因陈千秋（通甫）、曹丁泰（著伟）二志士的介绍，脱离了陈腐过时的学海堂而转学入这新鲜自由的长兴学舍，且惊且喜，就在这样的“学风”与“学科”之下，受深刻熏染者四年。

- 长兴学舍教育大纲
  - 学纲
    - 志于道
      - 格物
      - 克己
      - 厉节
      - 慎独
    - 据于德
      - 主静出倪
      - 养心不动
      - 变化气质
      - 检摄威仪
    - 依于仁
      - 敦行孝弟
      - 崇尚任恤
      - 广宣教惠
      - 同体饥溺
    - 游于艺
      - 礼
      - 乐
      - 书
      - 数
      - 图
      - 枪
  - 学科
    - 义理之学
      - 孔学
      - 佛学
      - 周秦诸子学
      - 宋明学
      - 泰西哲学
    - 考据之学
      - 中国经学史学
      - 万国史学
      - 地理学
      - 数学
      - 格致学
    - 经世之学
      - 政治原理学
      - 中国政治沿革得失
      - 万国政治沿革得失
      - 政治实际应用学
      - 群学
    - 词章之学
      - 中国词章学
      - 外国语言文字学
  - 科外学科
    - 校中
      - 演说（每月朔望课之）
      - 札记（每日课之）
    - 校外
      - 体操（每间一日课之）
      - 游历（每年假时课之）

康有为与梁启超

梁氏独立事业的开始

中国新青年的群英会——湖南新政开幕

四年以后，光绪二十三年（1897 年），湖南巡抚陈宝箴、按察使黄遵宪、提学使徐仁铸、前使江标，厉行新政。辅助他的，有那时号称“四公子”之二：陈三立、谭嗣同，和在籍名流熊希龄等。为培养新人才起见，特创办时务学堂，聘梁启超、谭嗣同、唐才常三人总主学务，梁氏又为领袖。所有一切的学纲、学课、学风，都是脱胎于长兴学舍而来，稍微加以变化罢了。

长沙时务学堂的内容及其贡献

何以证之？梁氏记“南海先生长兴学记”，演其始教之言，说：

（一）立志；（二）养心；（三）读书；（四）穷理；（五）经世；（六）传教；（七）学文；（八）卫生。

（《万木草堂小学学记》）

而他在四年以后主办长沙时务学堂时，所公布的学约也说：

“……一曰立志。……二曰养心。……三曰治身。……四曰读书。……五曰穷理。……六曰学文。……七曰乐群。……八曰摄生。……九曰经世。……十曰传教。”

……凡学者每人设札记一册，分“专精”“涉猎”二门。每日必就所读之书，登新义数则。其有疑义，则书而纳之待问匭，以待条答焉。其详细功课，别著之学校报中。……每刚日，……由教习随举目前事理，或西书格致浅理数条以问之，使精思以对。

……每柔日，……由教习随举各报所记近事一二条，问诸生以办法，使各抒所见……（皆以笔谈）。……每月以数日为同学会讲之期，诸生各出其札记册，在堂互观。或有所问，而互相批答。上下议论，各出心得，其益无穷，凡会讲以教习监之。

（《湖南时务学堂学约》）

……时务学堂……国中学校之嚆矢。……学科视今日殊简陋，除上堂讲授外，最主要者为令诸生作札记，师长则批答而指导之。发还札记时，师生相与坐论。时吾侪方醉心民权革命论，日夕以此相鼓吹。札记及批语中，盖屡宣其微言。湘中一二老宿，睹而大哗！群起掎之。新旧之哄，起于湘而波动于京师。御史某（即杨崇伊）刺录札记全稿中触犯清廷忌讳者百余条，进呈严劾；戊戌党祸之构成，此实一重要原因也。

（《时务学堂札记残卷序》）

在这样一种不拘形式，而朝气蓬勃、精神充沛、乐趣的、进取的学风之下，自然能够造就出非常奇伟的人才来。当初时务学堂第一班的学生只有四十人，而五分之二都成了革命先烈，或开国名人。庚子汉口革命之役，教习唐才常率领学生林圭、李炳寰、田邦璿、蔡钟浩、傅慈祥等二十余学生，受着孙、梁共同的指挥，联合会党举义兵不成，踏着"戊戌六君子"的碧血，而碎首成仁于国贼张之洞之手。以上六人，就是所谓"庚子六君子"！时务学堂第一班的学生已去了一半。那时四十门徒中，最小的一位蔡艮寅，只有十六岁，大家都很爱他，他便是我中华民国建国伟人中的一位，民四护国之役的元勋——蔡锷将军。门徒中最穷苦的，要推范源濂，他在开国时期，终身致力于教育事业；他在中国教育界、一般文化界及生物学界建设的成绩是决然不朽的。此外军事学专家蒋方震（百里），也是那时四十门徒之一。其余也不必枚举。总之，这样一种“设备不具”的学堂，竟培养了如此伟大、质量俱优的杰出人才，真是收获着“乐育英才”最大的成功。

我们试把其余通都大邑或租界上所矗立着的“洋楼官学堂”，挪来做一个对照。以“样子”论，他们是巍峨骄挺。以内容论，他们是：

> ……各省纷纷设学堂矣。而学堂之“总办”“提调”，大率皆最工于钻营奔竞，能仰承长吏鼻息之“候补人员”也。学堂之教员，大率皆“八股名家”，弋窃甲第，武断乡曲之巨绅也。其学生之往就学也，亦不过曰：“此时世装耳！此终南捷径耳！与其从事于闭房退院之诗云、子曰，何如从事于当时得令之ABCD。”考选入校，则张红燃爆，以示宠荣。资派游学，则苞苴请托，以求中选。若此者，皆今日教育事业开宗明义第一章，而将来为一国教育之源泉者也。试问循此以往，其所养成之人物……可以立于今日民族主义竞争之潮涡乎？
>
> （《新民说·论进步》）

无怪乎严复、周树人（鲁迅）等，都要逃出海军学堂，章士钊、穆湘瑶、胡敦复等，都要逃出陆师学堂，此中症结，你就可以恍然大悟了。

启发新智的第二步骤——创学会

以上是叙述梁氏青年时代承康氏作风，所推行“维新”实际方法之第一步骤——办学校。

办学校，是专以培植继起的少年子弟，是储才以留待将来之用的。如果要急切改进一般成人的智识的头脑，启发目前蒙昧无知的社会，那么当另求方法。康、梁所应用的第二步骤是创学会。

会社，倒是中国固有的国粹，明末士大夫组织的复社、几社、应社、读书社，以及其他的××文会、××文社等，真像丛林一样地矗立着，但都被清朝入关后用“杀头的压道机”来压平了。到康有为乃重新兴起：

> ……凡讲学莫要于合群。盖以得智识交换之功，而养团体亲爱之习。自近世严禁结社，而士气大衰。国之日孱，病源在此！故务欲破此锢习，所至提倡“学会”。虽屡遇反

对,而务必达其目的然后已。

(《南海康先生传》)

李剑农的《中国近百年政治史》上,也简要地叙述:

……康氏宣传主义的方法,首先就是创立“学会”。……他在广西讲学的时候,曾经创立一个“桂学会”。丙申年在北京,遇到文廷式等一班名士,组织“强学会”;他就抓住这个强学会,推张之洞做会长。袁世凯也是强学会的赞成人。又设分会于上海。北京的强学会,并附设强学书局。……御史杨崇伊受人嗾使,说强学会的宗旨不正当,随即奏请把它封禁了。……后由御史胡孚辰奏请就强学书局改设官书局,李端棻又奏请推广学校,将官书局推广改为京师大学,就是北京大学的前身。

(《中国近百年政治史》第四章第三节)

强学会的后果,巨大难量,虽为朝廷所封禁,却正抬高它的身价。

……然自是“学会”之风遍天下,一年之间,设会百数!

学者不复以此为大戒矣。

（《南海康先生传》）

梁氏所记，与李氏稍异，他说：

……乙未七月，京师强学会开，发起者南海先生；赞成者：陈炽、沈曾植、张孝谦、袁世凯等。余被委为会中书记员。不三月，为言官所劾，会封禁。

（《三十自述》）

这是可以补正李氏的《中国近百年政治史》的。强学会封禁了！可是，不久（1897 年）德国强夺胶州湾的巨波又压过来了！全国的文人士大夫，又沸腾起来，“保国”！“保国”！这样地赤手空拳，高声大喊。康有为紧紧抓住这时机，在京师号召“保国会”。这谁都不便再说“宗旨不正当”的鬼话了吧？于是康氏就把保国会的组织，尽量推广到各地方行省去。

……先是，胶警初报，事变綦急。南海先生以为振励士气，乃“保国”之基础。……欲令各省志士各为学会，以相讲求，则声气易通，讲求易熟。……于京师先倡粤学会、蜀学会、闽学会、浙学会、陕学会等。而杨君锐实为蜀学会之领袖。君(林旭)遍谒乡先达鼓之,一日而成。以(戊戌)正月初十日开大会于福建会馆,闽中士大夫皆集,而君实为闽学会之领袖焉。及开保国会,君为会中倡始董事,提倡最力。

(《林旭传》)

长沙南学会概述

正在这同一时间之内,陈宝箴、黄遵宪、徐仁铸在湖南推行新政;梁启超、谭嗣同、唐才常在长沙讲授新学;江标、陈三立、熊希龄等在夹辅维新。这一班人受到北京如此紧张的电报,哪有不立刻响应之理!于是湖南的“南学会”大放光彩地成立起来了。谭嗣同被推为南学会的会长,有声有色地慷慨论天下事:

……君(谭氏)……独留长沙,与群志士办新政。……而以南学会最为盛业。设会之意,将合南部诸省志士,联为一起;相与讲爱国之理,求救亡之法;而先从湖南一省办起,盖实兼“学会”与“地方议会”之规模焉。地方有事,公议而行;此“议会”之意也。每七日大集众而讲学,演说万国大势及政学原理;此“学会”之意也。于时君实为学会长,任演说之事。每会,集者千数百人;君慷慨论天下事,闻者无不感动。故湖南全省风气大开,君之功居多。

(《谭嗣同传》)

看了上面的叙述,知道这南学会的作用,确系与众不同。它的本身的意义,是“推行地方自治机构”及“政治学会”。而就这“地方”的区域性质而言,那又不叫湘学会而叫南学会。目的在“合南部诸省”,不过“先从湖南办起”。如果真能容许它办到“地方有事,公议而行”八字,那么它兼有“立法权”与“监督权”。充其量“南部诸省”早不是清廷所有了。可是,天下事绝没有如此简单顺利的,不上半年,反动的旧力,如冷酷无情的北风怒吼南奔,这些灿烂微弱的昙花,一霎儿烟消云散了。

“明”“暗”二力的闪电战

戊戌(1898年)八月政变的失败,中国以前所有一切的微光与微温、种子与幼芽,都沉埋在冰河深渊中了。只剩几头“寒冰地狱的鬼王”——那拉后、荣禄之流——冻血淋漓,在刀山上嚼中华青年的嫩骨!举头一望,但见一面是无数:赤身裸体,遮着红肚兜,画着八卦,挪着混天大旗、引魂幡、雷火扇、阴阳瓶、九连环、如意钩、火牌、飞剑、三尖钢叉、八宝法物的怪东西,蠕蠕而动,到处找“洋人”来杀。这就叫作“义和团”。一面是无数怒发冲冠、悲愤填膺的青年，怀着炸弹、手枪，甚至可以说是提着自己的头颅，踏着前人的血迹，前仆后继地起义，这就叫作“革命党”。除了这二种实际行动的人物以外，赤手空拳“康、梁式”的维新志士，在国内已无活动的余地，只有亡命到海外去慷慨论天下事了。

以后所有的“学会”，都秘密含有革命的使命，与前期的学会，性质根本不同。公车上书式的最后一次集会，是庚子年上海张园所召开的国会，算是前期式学会的一个结束。

> 当唐才常在上海组织“正气会”时，拳乱方始萌芽。未几，改为“自立会”，谋在长江一带起事。及至六月拳乱大作，北方名士如严复等，也避地南下至上海，唐才常便假保国救时的名义，运动在沪各省的维新志士，开会于张园，名之曰“国会”。到会的名流，有：容闳、严复、章炳麟、宋恕、吴葆初、张通典、狄保元、马相伯、戢元丞、文廷式、沈荩、龙泽厚等，共约数百人。推容闳为会长，严复为副会长，唐才常为总干事。开会的时候，章炳麟当众把辫发剪去，表示对于清朝决绝，颇耸动一般人耳目。其实这个会，参与分子很复杂……大多数会员，不过震于“国会”“民权”等新说，乘兴来会罢了。
>
> （《中国近百年政治史》六章二节）

此后集会的中心,全中国都移在上海租界上了。而会中的主角,大抵都受中山先生的感召,带有革命思想的了。譬如(1)戢元丞、秦力山等创设“新社”。(2)章炳麟、蔡元培、黄宗仰等创立“中国教育会”。(3)吴敬恒、蔡元培等创立“爱国学社”。(4)陈去病、刘光汉(师培)等创立“南社”。(5)钮永建等创立“军国民教育会”。(6)章炳麟、徐锡麟等创立“光复会”。黄兴、宋教仁、杨笃生等创立“华兴会”。那都是朝宗归海于中山先生的“兴中会”的。

推行维新的第三步骤——办报纸

康、梁因戊戌的打击,在国内所经营创办的学校与学会,既扫地无余,那末他们第三个步骤是什么呢?是办报。

“报”——本来是中国流行最早的,历代的“邸抄”,就是政府公报。至于现代新式报纸,那末滥觞于鸦片战争以后若干年,香港及上海侨居外人所办之报纸。康有为已经明白知道:学校、学会、报纸,是三位一体,互相为用,缺一不可的。所以当在北京办强学会时,特派梁氏办报,那时所办的报,艰苦卓绝得可敬,而简陋幼稚得可笑。

……甲午丧师以后,国人敌忾心颇盛,而苦瞢于世界大势。乙未夏秋间,诸先辈乃发起一强学会,今大总统袁公,即当时发起之一人也。……彼时同人……最初着手之事业,则欲办图书馆与报馆。袁公首捐金五百,加以各处募集,得千余金。遂在后孙公园设立会所。向上海购得译书数十种。而以办报事委诸鄙人(梁氏)。当时固无自购机器之力,且都中亦从不闻有此物。乃向售《京报》处托用粗木版雕印。日出一张,名曰《中外公报》。只有论说一篇,别无记事。鄙人则日日执笔为一数百字之短文……当时安敢望有人购阅者,乃托售《京报》人随“宫门钞”分送诸官宅;酬以薪金,乃肯代送。办理月余,居然每日发出三千张内外。然谣诼蜂起,送至各家者,辄怒以目。驯至送报人惧祸,及悬重赏亦不肯代送矣。其年十一月,强学会遂被封禁。

(《初归国演说·鄙人对于言论界之过去及将来》)

这一事,是梁氏平生新闻事业开始的第一章;也是近代中国有正式意义的新闻开始的第一页。梁先生晚年还亲自对其昌说:“当时虽在极端艰难困苦之中,而兴趣极高。有时木版雕刻来不及印,甚至间用泥版凹文代印的,其可笑到如此,而同人等对之皆津津有至味。对于这报纸热烈帮助的,还有你们浙人张菊生(元济)、汪伯唐(大燮)、孙慕韩(宝琦)三公。”事隔三十年,梁先生对我讲述这段故事,还是眉飞色舞。因为那时的梁氏老早已经明白“学校的对象,是培植青年后起人才。学会的对象,是联络成年智识阶级。报纸的对象,是启发社会一般民众”的原理了。所以京师的强学会,及《中外公报》,被封禁了,但这是初涌之潮,岂是人力所能遏制的!他们就转其帆以向上海。

《强学报》与《时务报》

上海的强学会分会的情形,是怎么样的呢?初时由会中发行一种《强学报》,经济的支持是靠张之洞的。后来因为这《强学报》上常常不用“大清光绪……”纪年,而用“孔子降生……”纪年;这虽然可以说是模仿公历之以耶稣降生为纪年,但是把这位张大帅骇慌了!不得不勒令禁止。这班维新志士,哪里肯休;刚刚碰到梁启超转帆南下,就紧握机会,由黄遵宪、汪康年、梁启超、麦孟华、徐勤等名义发起,重组《时务报》。公推梁氏任总主笔。梁氏得以自由发挥其文豪的天才,也就在此报。于是声名隆起,甚至并驾其师,而曰“康、梁”,也就在此时。更有一件趣事,梁氏的晚年学友——国际史学权威者王国维,此时正在时务报馆中当一名小书记,还没有资格和梁氏对面谈话呢！梁氏说：

> 丙申二月南下，得数同志之助，乃设《时务报》于上海。其经费则张文襄（之洞）与有力焉。而数月后，文襄以报中多言“民权”，干涉甚烈。其时鄙人之与文襄，殆如劳工者与资本家之关系。少年气盛，冲突愈积愈甚。
>
> （《对于言论界之过去及将来》）

明年（1897年）冬天，梁氏反抗资本家张之洞之压迫，便飘然远行，溯江而西，到长沙去大会群贤，轰轰烈烈地推行新政了。

又隔一年，便是戊戌（1898年），梁氏重到北京，暂时脱离言论文笔生涯，参与实际政治运动，而演出一幕中国历史上划时代的、血迹永不磨灭的悲剧，就是人人所周知的所谓“百日维新”“戊戌政变”了。

（《梁启超》一文之第八节）

梁启超流亡日本期间创办大同高等学校时与
该校师生的合影,其中前排右四为梁启超

维新的失败与革命的成功：自戊戌变法至梁氏亡命

促成戊戌变法的原因

综述

今先简要阐述戊戌政变的原因。原因甚不简单，为提纲挈领起见，可先分为“外激的”“内根的”两大类：

（甲）关于“外激的”原因，又可分为“远因”“近因”两大组。

（乙）关于“内根的”原因，亦可分为“远因”“近因”两大组。兹分别备述之。

外激的远因

（A）关于“外激的远因”，又可分下列四项述之：

（1）由于中国之闭关政策。康熙时代，那时西方的文艺复兴，科学发达，都还不久。康熙帝极力提倡欧洲文化，亲自学习拉丁文及代数，大量欢迎明末以来挟其科学而来华传教的、智德俱高的教士，一时中国吸收西洋文明，呈蓬勃之概。至少不在彼得时代的俄国之下。使能继续遵循此轨道，则中国之科学化、工业化，要提早三百多年！中国的国际地位和文化地位，后来绝不至堕入地狱的底层！不幸，簸弄中国命运者——雍正，因为他私人皇位的暗争，无端牵涉到宗教团体的暗争。他恨一班西洋教士，帮助他“文明而又仁慈”的政敌哥哥，接位之后，把西洋的文化人，全数驱逐出国！两扇大门一闩。从此以后，中华全国成了隔绝世界的孤岛，全体民族成了伏居土穴的老鼬鼠！世界天天在飞跃地进步，而清朝宰制下的中国，“夜郎自大”，崇炫自己的文化，在那里闭着眼睛自吹自尊！譬如戴东原，这样自骄自夸的学者，竟说“中国古代的算术，高出于西算！”对于西洋一切一切的进步与发明，懵然丝毫都不知道。郭嵩焘说了一句“现在的夷狄也有数千年文明”的话，京师的士大夫愤怒得发了狂！一八九七年，意大利学者马可尼（Marconi）氏，已经发明无线电了；而在中国，也居然自称“学者”的叶德辉，正在同时大讲“五行之位首东南”“五色黄属土，土居中央；中国人是黄种，天地开辟之初，隐与中位”等童话——长胡须老头儿所说的无耻又无味的童话。如果长此闭关下去，再昏昏颠颠地睡一千年，那么又当别论。可是这紧闭的大门，给英国“海盗型”的鸦片商，用炮舰来轰得七穿八洞！逼迫你允许卧榻之旁最肥美的所在，不客气地由他们兴家立业起来。辱国丧权的愤慨以外，单就这三百年来文化的飞跃与落伍，双方觌面的对照，美丑之别，不是盲人，都要感觉到无比的自愧与难堪。尤其是南方各省为甚。不过这批八股文人，智识太低，自私太重，素无国家民族的观念，合群参政的习惯（这是要杀头的），从没有伟大不怕死的民众领袖，为之代言、宣发、组织、领导，来实地行动罢了。那时忍着难堪之耻，稍有血性的文人，正苦于“群龙无首”之时，康、梁、谭等恰恰适合那时“文人阶级”中大胆不怕死的领袖。所以康有为某一次在明杨椒山先生故宅松筠庵集合青年上书时，联名者约二千人。戊戌政变，可以说是闭关以后，中国文化突然落伍，受刺激的优秀民族，必然奋起的斗争。

（2）由于鉴于俄皇大彼得西化富强的歆羡。康氏第五次上书中，已经明白地胪陈三策。上策——第一策，是：取法于俄、日二国，以定国是……

在大彼得以前不久，蒙古人奴役下的俄国，那时还是獉狉未开化的民族。大彼得正与康熙同时的，因他的不顾一切，实行欧化，居然二百年以后，跻于世界列强之林。蚕食中国的藩土——整个中亚细亚及西伯利亚，而反使中国仰之为文明上邦。这当然是刺激中国变法维新的一个有力因素。

(3)由于列强之集中环攻。自从普法战争以后,欧洲保持四十年的武装和平。虽然他们的帝国主义,一天高涨一天;但是他们全部“贪欲的触须”,一齐伸展到远东的老大中国来,这是他们一致认为肥美而又丰饶的一块神秘的大地。

……欧洲人之言曰:支那者,世界之天府也。世界之天府,当与世界共之;非一种人之所得私也(此欧人瓜分主义)。亚洲人之言曰:支那者,亚洲之中坚也。亚洲之境壤,当亚洲自治之;非他种人之所得攘也(此日本独吞主义)。

(《论日本东方政策》)

而日本有浮田和民者,著《日本帝国主义》一书,公然大声提倡日本独吞中国,他说:

……日本者,世界后起之秀,而东方先进之雄也。近者“帝国主义”之声,洋溢于国中;自政府大臣、政党论客、学校教师、报馆笔员,乃至新学小生、市井贩贾,莫不口其名而艳羡之,讲其法而实行之。试问今日茫茫世界,何处有可容日本人行其“帝国主义”之余地?非行之于中国而谁行之?

这十九世纪的后半期，如七八猛兽，环伺一牛。戊戌政变，是这潜力尚大的牛救亡图存的一吼。

(4)船坚炮利政策之失败。远在鸦片战争结束时，魏源已经深深感到外力压迫之可畏，所以他作《海国图志序》文说："是书何以作？曰：为师夷之长技以制夷而作。"在洪、杨之战时，就有一件重要而也有趣的故事：

> 有合肥人刘姓，尝在胡文忠公（林翼）麾下为戈什哈。……尝言：楚军之围安庆也，文忠曾往视师，策马登龙山，瞻盼形势，喜曰："此处俯视安庆，如在釜底，贼虽强。不足忧也。"既复驰至江滨，忽见二洋船鼓轮西上，迅如奔马，疾如飘风。文忠变色不语，勒马回营，中途呕血，几至坠马。文忠前已得疾，自是益笃，不数月，薨于军中。盖粤贼之必灭，文忠已有成算。及见洋人之势方炽，则膏肓之症，着手为难。虽欲不忧而不可得矣。阎丹初（敬铭）尚书，向在文忠幕府，每与文忠论及洋务，文忠辄摇手闭目，神色不怡者久之，曰"此非吾辈所能知也"。
>
> （薛福成：《庸盦笔记》荩臣忧国条。后来阎敬铭供给创办海军费，最为热心，殆即根此。）

稍后李鸿章借戈登大炮之力,平定江南。他致书于曾国藩说:

西洋炸炮,重者数万数千斤,轻者数百数十斤。战守攻具,天下无敌。……俄罗斯、日本,从前不知炮法,国日以弱。自其国之君臣卑礼下人,求得英、法秘巧,枪炮轮船,渐能制用,遂与英、法相为雄长。中土若于此加意,百年之后,长可自立。

这西洋“船坚炮利”的实力,是为胡林翼、李鸿章等一班中兴元勋所亲自尝到滋味的了。于是急起做“皮毛”的模仿,譬如同治四年,曾国藩、李鸿章设江南机器制造局于上海。五年,左宗棠设马尾轮船制造局于福州。九年,曾、李又设北洋机器制造局于天津等,李鸿章的大脑中,自然充满着:“中国文物制度,迥异外洋獉狉之俗!”(《李文忠公奏议》)所以只要:

……中国但有开花大炮、轮船两样,西人即可敛手!

(《与曾文正公书》)

白昼在那里做这样“黄粱大梦”,你们不要笑痛肚子。这一种皮毛维新适足更养成骄夸、懒惰、空虚的弊病。所以梁氏严格

地批评李鸿章所行的新政,说他:

……知有兵事而不知有民政,知有外交而不知有内务,知有清廷而不知有国民,知有洋务而不知有国务。

(《李鸿章传》)

在这样的政治恶习下办出来的"船"哪里会"坚","炮"哪里会"利"!"炮弹"里面所装的是什么东西,李鸿章自然是不会知道的。可是,在同时模仿新法的日本,有一个严酷无情的对照——驻英国公使郭嵩焘,报告说:

……日本在英国学习技艺者二百余人,各海口皆有之,而在伦敦者十九人。嵩焘所见有二十人皆能英语。有名长冈良芝助者,故诸侯也,自治一国,今降为世爵,亦在此学习法律。其户部尚书恩屡叶欧摩,至奉使讲求经制出入,谋尽仿行之。……而学兵法者绝少。盖兵者末也。各种创制,皆立国之本也。

(《郭筠仙集·上李中堂书》)

不错,中国些微有一点远见的士大夫都看透了那些枝枝节节的“船炮政策”绝对无用；而想从“立国之本”的“各种创制”上，来一番彻底的改革与维新。这就是酝酿十余年的维新思想，造成“戊戌政变”的原动力所由来。

外激的近因

(B)关于“外激的近因”，又可分下列四项述之：

(1)由于日本维新成功的鼓励。此项不烦详述。

(2)由于甲午战败国耻的教训。以自称“……尧、舜、禹、汤、文、武、周公、孔子的子孙文明神胄的堂堂中华”大国，而战败于边僻海岛的“虾夷”，这脸在地球上真是丢得又丑又苦！全国上下“五分钟热度”的血液，确曾一度沸腾。尤其身居九五的少年皇帝——清德宗，真和明末的崇祯皇帝一样，手忙脚乱，乱找宰相找到日本去了。日本变法维新、转弱为强、打败中华、吞并朝鲜的元功首相是伊藤博文。戊戌的前一年，伊藤博文适个人来华游历，中国的可怜士大夫“不管三七二十一”，哗然主张“硬留伊藤博文做中国宰相”。竟有这样的笑话，而居然掀动皇帝！《清季外交史料》云：

> 光绪二十三年秋，伊藤来华时，一般士大夫……多主借才变法。宗人府主事陈懋鼎奏请召见伊藤。

其奏曰：

……应请皇上于伊藤甫来之时，即明降谕旨……令其预备召见。……皇上于其觐见时，宣中、日和睦之谊，询彼国变革之序。于内政、外交，两有裨益。

（卷一百三十四页十九）

贵州举人傅夔，索性奏请留伊藤为相，以行新政。其奏曰：

奏为维新事重，执政无人，请破除成见，留相伊藤，以联日本，而行新政。……臣何以谓今日中国借助变法，莫如伊藤为宜也？日本，同洲之国，本与我同文。伊藤又日本中兴之名臣，而首赞维新之治。一切制度宪法，皆其手订。……亡羊补牢，犹未为晚。可否……恳祈留相伊藤，借助变法，以行新政；并请预订年限，以操“用舍在我”之权，出自圣裁。国家幸甚！天下幸甚！

（《军机处档案》）

当时那班“白面文人”的哀哀无告、惶惶求援的愁苦心理，以及环顾全国的茫茫无才、渺渺无望、束手待毙的窘态，真是由这一点上流露得深刻、活跃。上述二奏乃是“病急乱投医”“白昼做大梦”的呓语；然而光绪皇帝居然召见：

> 当伊藤一行觐见光绪帝于勤政殿，伊藤奏曰：“外臣博文，此次来到贵国，系为漫游。本日蒙陛下召见，殊为光荣。恭维陛下改良旧法，力图富强，此于保全东亚局面上实有重要之关系。……”光绪帝说：“贵国维新以来之政治，为各国所称扬；贵爵对于祖国之功业，实无人不佩服。”伊藤答：“过蒙奖谕，万不敢当。臣不过仰礼我天皇陛下之圣谟，聊尽臣子之职分耳。”光绪帝说：“贵我两国，地势上同在一洲之内，最亲最近。目今我国改革，迫于必要。朕愿闻贵爵披沥其意见，请贵爵将改革顺序方法，详细告知总理衙门王大臣，予以指导。”伊藤答：“敬奉谕旨。王大臣如有谘询，臣依实际所见，苟有利于贵国者，必诚心具陈。”
>
> （平冢笃：《续伊藤博文秘录》页一二六至一二九）

这一幕有历史性价值的喜剧，足以证明光绪帝对于变法维新的意志如何的急迫，而寻求人才之失望又如何的凄惶。好了，隔了半年之后，有了全国文人的领袖——六度上书、名震中外的康有为，又有梁启超、谭嗣同、杨深秀——等一班得力的干部。

徐致靖推荐了,张荫桓推荐了,师傅翁同龢又说“其才胜臣十倍”了。这还不是中国的伊藤博文吗?梁、谭、杨等一班羽翼,这还不是中国的岩仓、太久保、木户之流吗?何必“与虎谋皮”,借材于四年前的国仇呢?所以光绪帝得着康、梁、谭等,真是如获至宝!纵然康氏所上的书内有:“求为长安布衣而不可得!”及“不忍见煤山前事!”等大逆不道之言,帝仍一笑置之。说“康某何不顾生死乃尔,竟敢以此言陈于朕前”,反而更加器重。所以戊戌政变,可称为甲午战败后的教训所促成必然的结果。

(3)由于瓜分惨祸的迫切。光绪二十三四年(即丁酉、戊戌),全世界瓜分中国的阴谋与计划,已达于最高潮了。俄国在东三省的军队,无论如何不撤。“德帝张其贪欲的饿眼”,向远东找殖民地不得而焦躁。恰好一八九七(丁酉)年,山东胶州杀了二个德国传教士,德帝就把它做成惊天动地的文章,因而奠定了欧、日各国瓜分中国的局面。蒋介石著《中国之命运》,对于戊戌一年瓜分的实情与危机,有简要详明的叙述:

> (甲)英国　在甲午之前,列强已有在中国领土上划分“势力范围”的先例。英国于割取香港之后,于道光二十六年(1846年)中英退回舟山条约,即明定清廷“不以舟山等岛给与他国”的字句。光绪二十年(1894年)中英滇缅界务

及商务专约，亦明定清廷“不将孟连与江洪之全地或片土让与别国”。甲午之后，光绪二十四年中英威海卫租借条约划威海卫为英国租界地，九龙租界条约划九龙为英国租借地（按租借期均九十九年。九龙问题至今未解决）。光绪二十五年，英俄相约：划长江流域为英国建筑铁路范围，这时候英商福公司又取得山西、河南两省的采矿权。

（乙）法国　法国占据越南之后，于光绪二十三年又取得清廷“海南岛不割让与他国”的保证。光绪二十四年又取得“广东、广西、云南三省不割让与他国”的保证。在这个时候，他先后取得延长龙州铁路，建筑滇越铁路及开采两广、云南矿山之权。光绪二十五年，他又与清廷订立广州湾租借条约，划广州湾为其租借地（期限也是九十九年——其昌注）。

（丙）德国　德国于光绪二十四年，与清廷订立胶澳条约，划胶州湾为德国租借地（期限也是九十九年。这是开全世界破天荒的先例！——其昌注），并允德国建筑胶济铁路及开采铁路沿线三十里以内矿产。

（丁）帝俄　帝俄于光绪二十二年，与清廷订立华俄道胜银行合同与东三省铁路合同，划东三省为其势力范围。复于光绪二十四年租借旅顺、大连湾（这是抵制德国势力的扩张而急起直追的。所以也效颦期限为九十年！——其昌

注)，并以续约取得旅、大一带铁路矿山工商各特权。光绪二十五年，英俄两国相约：划分长城以北，为帝俄建筑铁路范围。

(戊)日本　日寇于占领我澎湖、台湾以后，于光绪二十四年，取得清廷“不割让福建省及其沿海一带与他国”的保证。

(《中国之命运》第二章页三一至三二)

蒋介石于是在总结中，严肃地告诫全国：

列强划分中国各地为他们的“势力范围”，亦就是做瓜分中国的准备！瓜分的惨剧，虽未实现，而路矿、工商等权，已经被列强分割净尽！

(同上书页三二)

瓜分的实祸迫在眉睫，所以在戊戌(1898 年)的春天，康氏的活动中心保国会，连张之洞、袁世凯诸人，都愿意做发起人或会长。两个月以后，在野的怪杰康有为，已一变而为帝皇心腹，最有权力的无冕宰相了。

(4)鉴于土耳其不变法而衰弱的覆辙。当时连蕞尔的藩属小国如暹罗也努力奋起，变法图强。独有近东的土耳其，远东的大清,两个老大病夫,在奄奄一息的状态下,忍受着做世界列强分割肢体的“解剖对象”！这算是悬在中国对面一方镜子。康有为所进呈的——《突厥(土耳其)衰亡史》《波兰灭亡记》等历史,听说光绪帝读之,有时至于泪下的。变法的决心,乃愈益坚定而迅速。

内根的远因

(C)关于“内根的远因”,又可分下列四项述之:

(1)由于乾、嘉以来养成政治上传统恶习的溃决。清朝中叶以后,政治、社会各方面不可收拾的腐状,已叙述于第一章,此不复及。至于政治上的恶习,也由于清初对于汉官吏压制逼迫得过甚所致,一件政治如果发生毛病,汉官吏只要参与丝毫意见,就得负连带责任,“革职”“查抄家产”“谪戍”“斩决”“妻子发功臣家为奴”！连珠似的“天威”下来了。久之,养成汉官吏发明二项求生存的秘诀:一是不负责,二是蒙蔽掩饰。一位终身平稳的宰相八十岁做寿时,许多门生拜请“官运亨通”的秘诀:他说这是千金秘方——“多磕头,少说话,遇事莫出主意。”果能守此三诀,定可保证由少年时的部郎,升到龙钟时的宰相而毫无波折。故“不负责”三字,乃清代“官场经”中的天经地义。谈到上下蒙蔽的恶习,我先借用龙启瑞的一封信来看看:

……抑某窃有进者……今之督抚,不肯担待处分(不负责),又乐以容忍欺饰为事(蒙蔽)。有一二能办之员,且多方驳饬之,使逆知吾意不敢为。然督抚亦非真以为事之宜如此也,大抵容身固宠,视疆场若无与!苟及吾身幸无事,他日自有执其咎者。又上之则有宰相风示意旨,谓水旱、盗贼,不当以时入告,上烦圣虑!国家经费有常,不许以毫发细故,辄请动用。……为督抚者……夙昔援引迁擢,不能不借助于宰相;如不谘而后行,则事必不成而有碍,是以受戒莫敢复言。盖以某所闻皆如是也。

(龙启瑞:《上梅伯言书》)

地方官吏,被中枢逼诱而养成“不负责”与“蒙蔽”的恶风如此!中央方面本身如何呢?道光时的首相曹振镛,曾奏说:

今天下承平,臣工好作危言,指陈阙失,以邀时誉。若遽罪之,则蒙拒谏之名。唯有抉其细故之舛谬者,交部严议;则臣下震于圣明,以为察及秋毫,自莫敢或纵。

这是教皇帝以蛇虺为心、暗箭杀人、以吃热血青年的阴毒恶计。当然是纳用的,继任的宰相穆彰阿,尤为不堪!以致与穆氏同样地位的大学士王鼎,欲揭发穆氏的奸状,乃至“先自杀”而后“尸谏”。惨到如此!然而他尸谏的遗疏,还是给穆党威迫利诱地夺去,换一个不相干的假遗疏,真更惨了(见薛福成:《庸盦笔记》蒲城王文恪公尸谏条)!这类恶风,曾国藩名曰“掩饰弥缝,苟且偷安”。这种“蒙蔽”的结果,不但国泰、王亶望、陈辉祖、郝硕、伍拉纳等贪赃至数千百万,皇帝不知;甚至如和坤的贪污赃款至黄金八万万两,抵全国国库十年的总收入!在未抄以前,也还蒙在鼓里呢!这“偷安”的景象,如广西巡抚郑祖琛,在洪、杨已起时,还在那里饮酒赋诗。而两广总督叶名琛,在英军攻破广州时,正在那里“敲木鱼念佛”。粤人名之曰“六不”:谓“不战!不和!不守!不死!不降!不走!”由于官场而影响及民间社会,于是清末中国社会做人的金科玉律是:“天下本无事,庸人自扰之”“多一事不如少一事”“大事化小事,小事化无事”“吹皱一池春水,干卿底事”“饮吃三碗,闲事不管”。而“好事之徒”“生事之辈”,成为诅骂危险分子的代名词。于是数百年肮脏、邋遢、龌龊、腐烂,一起积蓄壅滞、酝酿发酵起来,全中国成了一只腥秽冲天的臭水缸!浸在臭水缸里的,凡是血液清洁的青年,人人要决破这缸而出。所以世人要“无为”,康氏偏改名为“有为”。世人要“做大官”,而中山先生偏教人“不要做大官,要做大事”。世人教人“不要生事”,而中山先生偏教人“你去找事做”等例,这都是要把三百年来全中国壅积的腥臭，来一个通气、决口、洗涤、扫荡的工作。但工作的方法手段不同：康氏所领导的“百日维新”“戊戌政变”，乃是一种通气、决口的部分洗涤工作，所以必然短期内失败。而中山先生所领导的“民族革命”“复兴中华”工作，乃是根本倾覆这臭水缸，大家跳入新的空气阳光水流之中，所以会久远的成功。

(2)由于窥破满洲民族能力的减低。满洲民族初入关时，挟其兵农合一方锐之气，平流寇，平“忠义的前三藩”——弘光(福王)、隆武(唐王)、永历(桂王)，平“叛逆的后三藩”——吴三桂、耿精忠、尚之信，摧枯拉朽，当之者靡，明人惊为神兵。及至康熙帝，平喀尔喀(外蒙全部)，平准噶尔(新疆全部)，平卫、藏全部，及乾隆帝“十全武功”以后，那么全亚洲都惊满洲八旗兵为神兵了。中叶后的清兵，凭其“神话式的威力”，倒仍可以震慑全亚；但若要一按其实际，则纸老虎已经泥水淋漓，不堪一击了。不必到道光时鸦片战争，这纸老虎才土崩泥溃，即在嘉庆时“八旗兵”腐败无能的状况，已经达到惊人的程度：稻叶岩吉《清朝全史》记嘉庆初清兵剿川、楚教匪的情况云：

常备军之腐败……不但“八旗兵”已也，“绿营”腐败，亦复相同。当交战时，雇兵、乡勇为先锋，汉人之绿旗营次之。其素称骁勇绝伦之满洲兵、吉林兵及索伦兵在最后。贼军亦然，亦驱难民以当锋镝，真贼在后观望。“乡勇”与“难民”交战，而“官兵”与“贼兵”不相值！倘乡勇伤亡，匿而不报。或稍得胜利，即取以为己功！然与贼会之时甚稀，多不当贼锋，如某某将军（即永保），唯尾追而不迎击，致有“迎送伯”之绰号。甚至地方村民，预备粮饷，请其出兵，拒而不纳！常求无贼之地驻军！……

这就是乾、嘉全盛时八旗精兵的“武功”！再看看他们的“军纪”：

……军中费用之侈，骇人听闻，据当时从军者言：兵饷多为管粮员所侵蚀，实际待遇士兵甚薄。聊举一例：时有建昌道石作瑞者，侵蚀五十万两。但非其自贮，不过用以延诸将帅宴饮而已。尝于深箐荒麓间，供一品五六两之珍馐。一席至三四十品之多。有某尚书初至阵中，彼赠以珍珠三斛，蜀锦一万匹，他物称是。

（《清朝全史》上，第四十九章）

在这乾、嘉之际的征剿川、楚教匪一事，已可显著地证明满、汉人才能力的高低。不必等待洪、杨以后湘、淮军的兴起。从乾隆末年剿教匪时，负责平匪的清朝大帅，如湖北都统永怀镇守湖北，总督宜绵讨伐陕西，福宁英扫荡四川，不但无一不败，且只有扩大匪祸！扰攘八九年，而最后平定教匪的，最勇猛无敌而亦最勤劳立功的，乃反出于汉族中新挺起来的杨芳、杨遇春二将军。此时已透露满、汉两民族“武德”消长的征兆。至于鸦片战争时，八旗兵土崩瓦溃的丑状，甚至使英军吃惊。王钧曾记当时八旗兵的实况说：

> ……奉调之初，沿途劫夺。……抵粤以后，喧努纷扰，兵将不相见。遇避难百姓，指为汉奸，攘取财物。教场中互相格斗，日有积尸！……尽夺十三行，背负肩担而去。呼群结党，散赴各乡，累日不归，不知所事！……百姓以兵不击贼，反阻民勇截杀，自是咸怀愤激，益轻视官兵矣！
>
> （王钧：《金壶浪墨》）

汉民族初时对于满族武力的畏惧，扫地无余，已由“轻视”而进于“鄙视”，尤以粤人为甚。所以秀才、举人等白面书生，也竟敢明目张胆起来要求改变“祖宗的成法”，以求国家的生存。这是戊戌政变能得国内多数知识分子同情与影响的缘故。

(3)由于洪、杨乱后实际政权的转移。因洪、杨之乱及其平定,而清代实际政治权力,暗中转移甚大。以种族说,大权分于汉族。以政制说,大权分于地方。正当洪、杨势盛之时,八旗兵的无用,固然是腾笑天下,而满洲官吏之无能,也颇可遗羞后世。此时正是肃顺当权时代,他倒有自知之明,知道那时满人的泄气、汉人的方兴,这场大难,非汉人绝对不能平定,力劝咸丰帝重用曾、胡、左等一班新人,赋予相当权力,使之立功。薛福成曾记:

……时粤贼势甚张,而讨贼将帅之有功者,皆在湖南。……唯肃顺知之已深,颇能倾心推服。平时与座客谈论,常心折曾文正公之识量、胡文忠公之才略。苏、常既陷,何桂清以弃城获咎,文宗欲用胡公总督两江,肃顺曰:“胡林翼在湖北措注尽善,未可挪动。不如用曾国藩督两江,则上下游俱得人矣。”上曰:“善。”遂如其议,卒有成功。左文襄公之在湖南巡抚幕也,已革。永州镇樊燮控之都察院;官文督湖广,复严劾之。廷旨:“如左宗棠果有不法情事,可即就地正法!”肃顺告其幕僚……转告郭嵩焘。郭公闻之大惊,求救于肃顺。……上果问肃顺曰:“方今天下多事,左宗棠果长军旅,自当弃瑕录用。”肃顺奏曰:“闻左宗棠在湖南巡抚骆秉章幕中，赞画军谋，迭著成效。骆秉章之功，皆其功也。人才难得，自当爱惜。请再密寄官文，录中外保荐各疏，令其察酌情形办理。从之。……文襄勋望遂日隆焉。

（《庸盦笔记》肃顺推服楚贤条）

到洪、杨平后，这汉、满两族政治能力的实际竞赛，结果揭晓，相差得实在太远了。自此以后，满人所死力独霸、丝毫不松的政权，不得不被汉人分去了一半。至于中央政权被分于地方的因果，李剑农说得很明：

……在洪、杨战役期中，许多人的巡抚、总督位置，全由军功取得。一面做督抚，一面带兵打仗，如江忠源、胡林翼、李鸿章、左宗棠、刘长佑等不计其数。……此后的督抚，不唯有领兵之权，并且兼有随意编练军队之权。……地方编练军队，虽须奏明……皇帝因为急于平乱，只要地方有办法，没有不裁可的。裁可后即由各地方疆吏自由施行。需要补充或扩大额数时，又用同一办法，一面奏报，一面办理。湘军、淮军都是由此种程序成立及扩大的。……概括起来，清政府地方势力，在此期中的变化，不外两点：一、督抚取得军事上的实权，其势渐重。二、军队由“单元体”化为“多元体”,中央失去把握之权。

(《中国近百年政治史》第二章)

戊戌政变,换一个方向的看法,也可以说是汉族和平的政治革命,非在上述的形势下,是没有发动的可能的。上述的实际形势,也是戊戌政变一个最大的诱因。

(4)由于咸、同之际宫廷政变的结果。清廷之亡,亡于太后那拉氏一人,这是天下万世的公评。那拉氏(即西太后慈禧)本为咸丰帝的侍妾。稍通文字,小聪明而性险刻。咸丰帝已深恶之;帝病于热河,恐身后那拉后造祸,半夜与肃顺商议,先行赐死。时无第三人闻者,不意太监李莲英在窗外守夜,闻之。宫门已键,爬狗洞而出,密告于那拉氏。那拉氏即于半夜叩太后寝宫,哭诉求救命。明晨,咸丰帝朝其母,太后大怒,责其何以无故杀人?帝愕然,力辩其无。此事遂寝。故那拉氏终身恨肃顺入骨,而爱李莲英入髓。又据《春冰室野乘》所记,咸丰帝实为那拉氏所毒弑;帝临崩时,有人在窗外闻帝作怒恨声,连呼“翠儿!翠儿!你好忍心!”翠儿是那拉氏的小名,似乎咸丰帝已发觉中了翠儿的毒手。这翠儿可偏偏生了一个儿子载淳——同治帝。正后无子,后来称“东太后”。那拉氏因为是同治帝生母的缘故,后来称“西太后”。咸丰帝崩后遗诏,以怡亲王载垣、郑亲王端华、户部尚书肃顺(端华胞弟)及军机大臣中:兵部尚书穆荫、吏部左侍郎匡源、礼部右侍郎杜翰、太仆寺少卿焦佑瀛、御前大臣额驸景寿等八人为“赞襄王大臣”。此时同治帝年仅六岁,这八人实为那时中国的最高权力者,而肃顺尤为其中的灵魂。议定改年号为“祺祥”,已经铸了“祺祥通宝”的钱了。可是不久这心狠手毒的那拉翠儿,运用她阴忍险刻的手段,出其不意,先发制人,把肃顺处斩,端华、载垣赐死。否认“赞襄王大臣”的遗诏,她便自称“太后”,违背清代祖宗三百年的家法,居然“垂帘训政”起来,“牝鸡司晨”,中国从此便堕入地狱的深渊!所以这次大政变,绝不是宫廷间私人之争,而是关系全国百年的大计,汉族大臣凡是属于肃顺政治系统的,无不人人栗栗危惧,胡林翼闻此大变,就在同年忧愁而死了。曾国藩也屡次想自杀。要不是洪、杨未平,这班人都会被斩草不留根的。立了儿皇帝载淳以后,东太后相当安分公正,西太后则放僻邪淫,无所不为!连她自己亲生儿子同治帝,也深恶他母亲的丑声四播而引起强烈的反感。西太后所信任、所狎昵的,只有太监;此外无贤,无尊,无亲,无贵,无大臣百官;至于“国家”与“百姓”,那即使分解她全身每一颗细胞都是找不出来的!天地之间,只有她与太监。自从东太后授意丁宝桢杀了太监安德海以后,这位老姨太太不耐烦了,她就再用前此“谋杀亲夫”的秘诀,毒弑了正宫东太后。这是恽毓鼎《崇陵传信录》记载得很明白的。从此以后，中国最高的政治权力，表面上是属于儿皇帝一人；事实上却在西太后一个人手里；骨子里却属于太监李莲英一人。所谓“议政亲王”“军机大臣”，一齐要向这“皮哨李”（李莲英的绰号）垂手低头，连声道“是！是！是！”而退。以中国五千年悠久的文明，三千万方里博大的土地，四万万五千万优秀的人民，而把这全副命运，放在一个目不识丁、鸦片入骨、不阴不阳、非人非物的怪东西——皮哨李手里，呜呼哀哉！所以全国，不论何种阶级，上至帝后（包括东太后、同治帝后、光绪帝后在内），下至平民，一致痛恨西太后与皮哨李，真是深恨入骨，但敢怒而不敢言耳。戊戌政变，就是国中勇敢不畏死的青年，企图与皇帝合作，起而推翻西太后与李莲英统治的政治革命！

内根的近因

（D）关于“内根的近因”，又可分下列四项述之：

（1）由于“帝”“后”本身的争权。从上述“远因第（4）项”政变的波浪下来，同治帝亲母子之间，恶感日深。西太后真是个“恶婆娘”，甚至干涉儿子媳妇的燕好，同治帝愤而外游，得不名誉的病而死。西太后愤亲生子不孝，不为他立嗣，使同治帝绝代。书呆愚忠吴可读先行自杀，然后以遗疏“尸谏”，请为“大行皇帝立嗣”（刚死的皇帝称大行皇帝），白白牺牲了生命，除了令人作呕的“传旨嘉奖”以外，一切完了！西太后于是重立一个更小的儿皇帝，是她亲妹妹所生的，只有四岁的载湉——光绪帝。当开分谤的御前会议时，有人主张援立溥伦，西太后厉声斥责：“溥”字辈一概不要！这一吼，吓得亲王大臣面面相觑，谁还敢逆“河东狮”的淫威！一个个喏喏连声而退。这一来，把一位天真活泼的小朋友载湉，生生地抓入紫禁城的牢狱中去，判了有期徒刑三十四年，而后“就狱正法”！这就是光绪皇帝的生活史。西太后何以主张“溥字辈一概不要”呢？这里有三个秘密原因：（一）首先的一个原因，是她“专制到死主义”。立了“溥”字辈，她的地位是“祖母”了，是“太皇太后”了，那时老脸再“难为情”垂帘训政了。所以仍立“载”字辈，她以“养母”及“皇太后”资格，“专权专到死”！（二）其次的原因，依然是“专制到死主义”，如果立了“载”字辈的年长的人，他便不服从你指挥了。所以抓到只有四岁的小孩，那便是她和李莲英的玩物了。（三）最后是她对亲生子的泄愤主义。若立“溥”字辈，就是默认是同治帝之后了。偏立“载”字辈，使这不孝亲母的“忤逆子”绝嗣。光绪帝做了三十年囚徒，而有甲午中日战争的大败。这三十年中间的天灾、人祸，内忧、外患，百孔千疮，实难尽记。这“青年皇帝”——不，“青年囚徒”！眼看着国家是快要亡了，而“亲爸爸”（慈禧让光绪帝称自己“亲爸爸”）和“皮哨李”的荒淫，反日甚一日！要想有所改变补救而手无寸柄，鳏寡孤独，除了一位七八十高龄的老师傅——翁同龢以外，茫茫宇宙间，竟举目无一个亲人！又忍无可忍，闷闷地再做了四年囚徒，到了戊戌年，忽然上天降下了一个怪杰康有为，领导了一批少壮干部及数千人附和的青年羽翼，及全国翕然同情的舆论，肯自动帮他——这个"寡人"来变法维新，他真是欢喜得有"感谢上苍""天佑中国"的心绪，所以信任康有为的彻底及变法动作的迅速，真是古今所罕见的。"百日维新"所以突然如火焰一般地怒起，这是一个最大的近因。

(2)由于满族嫉妒汉族情感的表露化。据上述，光绪帝因急欲解除其囚徒的地位，而真正取得"皇帝"的权力，不得不完全重用汉族人才，以达成其目的。洪、杨乱平，捻党又清，新疆收复，回乱重定，大功多出于汉人，满族此时已深深感觉到汉族本质的优秀，能力的高强，而本族乃有根本生存的威胁，嫉妒、愤怒、恐惧，而无可如何！今见皇上又一味重用汉人，不平之气更甚。凶悍的满人如刚毅、荣禄，且明目张胆昌言排汉。这在汉人岂有不知之理，梁氏的著作内就叙述甚详(均见下)。但西太后和李莲英的荒淫政治，对中国固然是推入地狱；对满族，岂不是更打入泥犁吗？所以识大体的少数满洲人，也竟有同情于光绪帝及汉族青年的维新变法运动的。譬如杨深秀的密友文悌：

御史文悌者，满洲人也。以满人久居内城，知宫中事最悉。颇愤西后之专横，经胶、旅（之役）后，虑国危。文君门下有某人者（即大刀王五），抚北方豪士千数百人。适同侍祠，文君语君（杨深秀）宫中隐事，皆西后淫乐之事也。既而曰："君知长麟去官之故乎？长麟以（皇）上名虽亲政，实则受制于后，欲请上独揽大权。曰：西后于穆宗则为生母，于皇上则为先帝之遗妾耳。天子无以'妾母'为'母'者！其言可谓独得大义矣。"君（杨）然之。文又曰："我奉命查宗人府囚，见澍贝勒（即溥澍，同治帝有遗诏欲立之为后者），仅一袴蔽体，上身无衣，时方正月祁寒，吾怜之，赏钱十千。西后之刻虐皇孙如此！盖为（皇）上示戒，故上见后辄颤！此与唐武氏何异？"因慷慨诵徐敬业讨武氏檄"燕啄王孙"四语，目眦欲裂。君（杨）美其忠诚。（文）乃告君（杨）曰："吾少尝慕游侠，能逾墙，抚有昆仑奴甚多；若有志士相助，可一举成大业。闻君门下多识豪杰，能觅其人以救国乎？"君（杨）壮其言而虑其难。

（《杨深秀传》）

可见当时主张"维新""改革"的志士，固然是以汉族为中坚，但也有少数的满人参入。而"守旧""顽固"分子，固然多属于满族的朝贵，而汉族的败类，如许应骙、杨崇伊之流，也无耻地作伥。老实说：到了戊戌年间，维新派与顽固派，对于统治中国政权的争夺，已经走到“图穷匕现”“短兵相接”的阶段了，因之像闪电一般地迸发了这“百日政变”刀光血影一幕历史上精彩的悲剧。

(3)由于中山先生领导革命运动的亢进。概括地说：亡清末叶的三十年间，中国人的思想畴范，约可分四个时期：从光绪初年至甲午之战，是以李鸿章为中心时期。从甲午之败至戊戌政变，是以康有为为中心时期。从戊戌政变失败至日俄战争，是以梁启超为中心时期。从甲辰帝俄战败至辛亥革命，是以中山先生为中心时期。但此只是就中上社会及知识分子的表面部分而言，而实际上中山先生所领导的革命工作，已逐渐深入人心，弥漫全国；清廷亦不得不承认这才真是“致命”的隐忧大患！在初时，八股秀才们不免认“孙汶为红眉毛、绿眼睛的公道大王”(吴稚晖先生语)。但至戊戌庚子之间，中山先生“驱除鞑虏，恢复中华”的光明大义，已逐渐宣白于天下。中山先生自说：

>……经此(庚子惠州之役)失败而后，回顾中国之人心，已觉与前有别矣。当初次之失败也，举国舆论，莫不目予辈为乱臣贼子，大逆不道，咒诅谩骂之声，不绝于耳。吾人足

迹所到，凡认识者几视为毒蛇猛兽，而莫敢与吾人交游也。唯庚子失败以后，则鲜闻一般人之恶声相加。而有识之士，且多为吾人扼腕叹惜，恨其事之不成矣。前后相较，差若天渊。吾人睹此情形，中心快慰，不可言状；知国人之迷梦，已有渐醒之兆。

（《建国方略》）

戊戌与庚子，只差二年，而中山先生之革命风潮，已澎湃如此。清德宗及其一部分大臣，自然感觉到变法维新，尚可苟且保全宗社：这是“害取其轻”的原则，所以急剧地厉行变法改制。

（4）由于国内舆论倾向维新之渐渐成熟。上章已述甲午以后，国内各地各种“学会”，已风起云涌。这种“学会”，都是造成维新党与革命党的苗圃。同时西洋新学说，无可阻遏地如潮水浸入，国内的民智无可封锁地日益开启。绝非老朽官僚张之洞的《劝学篇》，冬烘学究叶德辉的《翼教丛编》等覆瓿著作所能挽阻。而同时旅华公正之外人，复为启发中国民智之事，尽侧面之努力。稻叶氏云：

……此时在上海之外人，乃对于民间风气之革新而乐为助力。其最著者则“广学会”也。广学会者，一八八八年

(光绪十四年)在中国之英、美宣教士及学士等所组织。其中知名之士,以林乐知、丁韪良、慕维廉、艾约瑟、李佳白等为最著。其目的在启发中国之新智,辅翊中国之自强。其最初在翻译新书,发行杂志,如《泰西新史揽要》《文学兴国策》《治国要务》《自西徂东》《列国变通兴盛记》《万国公报》等,皆有唤醒中国之价值。……广学会知中东战后,中国渐有觉悟,乃派李提摩太于北京,周旋于名公巨卿之间,讲善后之策。当时推李提摩太为官书局教习,固辞;其言曰:官书局教习之地位……所成就不过数十百人。……不如为广学会尽力,扩大其规模,以培养将来中华之人才,赞助智德之发达也。

(《清朝全史》第八十二章)

所以到了戊戌年间,维新运动,已呈“瓜熟蒂落”的现象。除了冥顽无耻、卖身求荣的少数败类以外,都可以说是渴望政治改革有如甘霖的了。

戊戌政变史剧的绘影

上述“戊戌政变”的内、外、远、近的原委因素,以及政治的、外交的、社会的、文化的各种背景环境,都加以综合的、客观的详述，读者也早已了然“戊戌政变”的真实性质了。再回头来看经过的事实，自然更容易心领神会，彻底了解了。这一幕悲壮、简短而重要的史剧，其经过的史迹如下。

痛哭流涕时代的最后请愿

光绪二十四年戊戌，因德人的强占胶州湾，引起俄人立即强占旅顺、大连湾，英人强占威海卫、成三角，法人强占广州湾，甚至意人也要强占三都澳，国人大惊，看见瓜分之刀已在颈上，奔走号呼，“保国会”之类便在各地涌起。幽居深宫的二十九岁皇帝清德宗，也忧愁得要死，问他唯一的亲信人老师傅翁同龢，到底还有什么办法没有？老师傅实在太老了，难当“起弱图强”的重肩，于是推荐六度上书、名满天下、羽翼丰盛的新进士康有为。同时徐致靖、张荫桓、李端棻、高燮曾等一班大官，又疏荐康氏。康氏又复痛哭流涕地最后一次的上书，有激切的透论，及详备的规划。梁氏扼要记着：

康先生之上皇帝书曰：“守旧不可，必当变法。缓变不可，必当速变。小变不可，必当全变。”又曰：“变事而不变法，变法而不变人，则与不变同耳。”故先生所条陈章奏，统筹全局者，其大端在：请誓太庙以戒群臣，开制度局以定规模，设十二局以治新政，立民政局以行地方自治。其他如：

迁都，兴学，更税法，裁厘金，改律例，重俸禄，遣游学，设警察，练乡兵，选将帅，设参谋部，大营海军，经营西藏、新疆等事，皆主齐力并举，不能支支节节而为之。而我皇上亦深知此意。

(《政变原因答客难》)

又请泯满、汉种族之界限。梁氏又记：

……康南海之奏对，其政策之大宗旨曰："满汉不分，居民同志。"斯言也，满洲全部人所最不乐闻者也，而我皇上深嘉纳之。

(《论变法必自平满、汉之界始》)

光绪帝全部接受了康氏的意见，随即于四月二十三日，下诏定国是。于四月二十八日召见康氏，即任命康有为在总理各国事务衙门行走。又召见梁氏，即赏举人梁启超六品衔，命办大学堂、译书局事务。在帝的本意，自然要以更重要的位置畀予康、梁，可是二品以上大员的黜陟，都要向颐和园请命，那麻烦了。故暂给以小官，而实赋予大权。从此以后，康、梁便得发舒其胸中的抱负了。所谓"戊戌新政""百日维新"，便自此开始了。

新政要纲一览

但轰轰烈烈开幕以后，所演的戏可并不伟大。举其重要节目如下：

（一）命自下科始，乡会试及生童岁科各试，向用四书文者，改策论。

（二）定乡会试随场去取之法，并推行于生童岁科试。

（三）停止朝考。

（四）命删改各衙门则例。

（五）命于京师设立农工商总局。

（六）下裁汰冗官令，命裁撤：詹事府、通政司、光禄寺、鸿胪寺、太仆寺、大理寺衙门；湖北、广东、云南三巡抚；并东河总督缺。其各省不办运务之粮道，向无盐场之盐道，亦均裁撤。其余京、外应裁文武各缺，命大学士、六部、各省将军、督抚，分别详议以闻。

其余尚有不成片段的小新政，从略不举。即此戋戋的新政，在我们今日看来，不但距离国民的政治理想，有隔世之感；比较日本明治维新的规模，有天渊之别；即就康有为所上的条陈而言，也还有千里之差。然而在清德宗看来，却总算是大刀阔斧的了。就是上列几桩新政，从四月行到七月中旬，似乎行得顺手起来，召谭嗣同进京。旋发上谕，“内阁候补中书林旭，江苏候补知府谭嗣同，均赏加四品卿衔，在军机章京上行走。”这就是名震一时的“四京卿”。梁氏说：

……自四卿入军机，然后皇上与康先生之意，始能少通，锐意欲行大改革矣。

（《谭嗣同传》）

于是在七月二十七日，光绪帝宣布堂皇的上谕：

国家振兴庶政，兼采西法。诚以为民主政，中西所同；而西人考究较勤，故可以补我所未及。西国政治之学，千端万绪，主于为民开其智慧，裕其身家；其精者乃能美人性质，延人寿命。凡生人应得之利益，务令其推广无遗。朕夙夜孜孜，改图百度，岂为崇尚新奇，乃眷怀赤子，皆上天之所畀，祖宗之所遗；非悉使之康乐和亲，朕躬未为尽职。今将变法之意，布告天下，使百姓咸喻朕心，共知其君之可恃。上下同心，以成新政，以强中国，朕不胜厚望！

（《爱国论》所引）

梁启超与友人在日本合影

磨折的警报

此时也许就是光绪帝皇威发扬到顶点的时候了吧！在此略前，光绪帝想乘机黜退几个守旧大臣，立一点“主子的威风”，便借一件事把礼部的满、汉两尚书四侍郎——都是最顽固分子：怀塔布、许应骙、堃岫、溥颋、徐会澧、曾广汉，一齐革职。哪知道怀塔布的妻，是侍奉那拉后得宠的老妈子，便向“老佛爷”哭诉起来，“老佛爷”于是勃然大怒，光绪帝便惶悚害怕起来，据梁氏述：

> （七月）二十九日，皇上召见杨锐，遂赐衣带诏，有“朕位几不保”“命康与四卿及同志速设法筹救”之语。
>
> （《谭嗣同传》）

据恽毓鼎所述：

> 谭、杨愤上之受制，颇有不平语。上手诏答之，略谓：“顽固守旧大臣，朕固无如何。然卿曹宜调处其间，使国富兵强。大臣不掣肘，而朕又上不失慈母之意。否则朕位且不保，何有于国！”于是蜚语浸闻于西朝。
>
> （恽毓鼎：《崇陵传信录》）

谭、袁半夜的壮剧

那时怀塔布及汉奸杨崇伊等早与荣禄阴谋废光绪帝。嗾走狗李盛铎奏请帝奉太后至天津阅兵，荣禄因以武力实行废立。帝明知天津便是他自已“正法的刑场”，可是不得不下谕九月奉太后至天津阅兵！康有为这班人真急慌了，怎么办呢？不得已想到求救于袁世凯。

> 君(谭嗣同)与康先生捧诏(衣带诏)恸哭，而皇上手无寸柄，无所为计。时诸将之中，唯袁世凯久使朝鲜，讲中外之故，力主变法。君密奏请皇上结以恩遇。冀缓急或可救助，词极激切。八月初一日，上召见袁世凯，特赏侍郎。初二日复召见。初三日夕，君径造袁所寓之法华寺，直诘袁曰：“君谓皇上何如人也？”袁曰：“旷代之圣主也！”君曰：“天津阅兵之阴谋，君知之乎？”袁曰：“然，固有所闻。”君乃直出密诏示之曰：“今日可以救我圣主者，唯在足下。足下欲救则救之。”又以手自抚其颈曰：“苟不欲救，请至颐和园首仆而杀仆，可以得富贵也！”袁正色厉声曰：“君以袁某为何如人哉！圣主乃吾辈所共事之主，仆与足下，同受非常之遇；救护之责，非独足下，若有所教，仆固愿闻也！”君曰：“荣禄密谋，全在天津阅兵之举。足下及董、聂三军，皆受荣所

节制，将挟兵力以行大事！虽然，董、聂不足道也，天下健者，唯在足下。若变起，足下以一军敌彼二军，保护圣主，复大权，清君侧，肃宫廷，指挥若定，不世之业也。”袁曰：“若皇上于阅兵时疾驰入仆营，传号令以诛奸贼，则仆必能从诸君子之后，竭死力以补救。”君曰：“荣禄遇足下素厚，足下何以待之？”袁笑而不言。袁幕府某曰：“荣贼并非推心待慰帅者，昔某公欲增慰帅兵，荣曰：‘汉人未可假大兵权’，盖向来不过笼络耳。即如前年胡景桂参劾慰帅一事，胡乃荣之私人，荣遣其劾帅，而己查办昭雪之以市恩。既而胡即放宁夏知府，旋升宁夏道。此乃荣贼心计险极、巧极之处，慰帅岂不知之。”君乃曰：“荣禄固操莽之才，绝世之雄，待之恐不易易！”袁怒目视曰：“若皇上在仆营，则诛荣禄，如杀一狗耳！”因相与言救主之条理甚详。袁曰：“今营中枪弹火药，皆在荣贼之手。而营哨各官，亦多属旧人；事急矣，既定策，则仆须急归营，更选将官，而设法备贮弹药，则可也。”乃丁宁而去，时八月初三夜漏三下矣。至初五日，袁复召见。至初六日，变遂发。

（《谭嗣同传》）

这一幕精彩而悲壮的话剧，应该在中国近代史上放一异光。

可是，这里袁世凯所表演的，固然是神采活现的英雄本色，但却不能不启世人疑心，荣贼的阴谋，本应该在九月里才发作；何以八月初三夜这幕史剧演完以后，初六日事变就突然提前发作？所以有甚多的人，都说这是袁世凯卖友首告所促成的。所以光绪帝至死恨袁世凯入骨；而袁世凯自己也曾有“臣，先帝之罪人也”的良心忏悔语，是不为无因的。

当谭嗣同热烈属望袁世凯救主之时，但林旭即不谓然。据梁氏所撰的《林旭传》说：“既奉密谕，谭君等巨踊号呼。时袁世凯方在京，谋激其义愤；而君不谓然，作一小诗代简，致之谭等曰：‘伏蒲泣血知何用，慷慨何曾报主恩。愿为公歌千里草，本初健者莫轻言。’”“千里草”，是东汉末年一首童谣：“千里草，何青青。十日卜，不得生。”“千里草”合成一“董”字，“十日卜”合成一“卓”字。本初是袁绍字。这里借用董卓、袁绍的故事来比喻董福祥与袁世凯。意思是说：这种办法，恐怕将来董福祥、袁世凯之流，挟天子以令诸侯，那真不可收拾了。

皇帝成俘虏了

初六日，光绪帝就被拘禁到颐和园中的玉澜堂。太后垂帘主政。逮捕张荫桓、徐致靖及名震一时的六君子。

自四月以来，京师谣言，皆谓帝病重；然帝仍日日召见臣工,固未尝有病。及革礼部六堂官,擢四京卿;怀塔布及御史杨崇伊等先后至津,谒荣禄,遂相与定谋:檄调聂士成军五千驻天津。又命董福祥军移长辛店。三次急电至总理衙门,言英俄在海参崴开战,英舰七艘泊于天津,请饬袁世凯回津防御。世凯至津,荣禄即乘专车抵京。与怀塔布、许应骙、杨崇伊、张仲炘,至颐和园,上封事于太后,请训政。太后立命以荣禄之卫兵守禁城。令荣禄仍回津以候召命。会议至夜半而散。翌晨,新党谋围颐和园之谣起,太后垂帘之诏下。——(自注)先是,太监于茶店中创一种风语,言帝设谋倾害太后,且引外人助己。士大夫多深信之,互相传播。

(《清史纪事本末》)

至于光绪帝被擒的情形,恽毓鼎记得甚惨:

御史杨崇伊、庞鸿书,揣知太后意,潜谋之庆王奕劻。密疏告变,请太后再临朝。袖疏付奕劻转达颐和园。八月初四(六)日黎明,上诣宫门请安,太后已由间道入西直门,车驾仓皇而返。太后直抵上寝宫,尽括章疏,携之去。召上怒诘曰:"我抚养汝二十余年,乃听小人之言谋我乎?"上战栗不发一语。良久嗫嚅曰："我无此意。"太后唾之曰："痴儿！今日无我，明日安有汝乎？"遂传懿旨，以上病不能理万机为词，临朝训政。

（《崇陵传信录》）

就把光绪帝圈禁于颐和园中的玉澜堂。凡是游过颐和园的人，都可以在玉澜堂凭吊，这一宫院左右美丽的配殿，屋中打了二道乌黑而坚实的砖墙，丑怪得要死，至今尚未拆除，这便算是近代史上遗留的史迹。

废立阴谋与"单片请安"

过后，西太后一定要废掉光绪帝，说帝病危，把药方开示给天下公阅。她何以要多此一举，把药方公布于天下呢？这意思并不是证明她的人格的不撒谎，乃是有实力上的顾虑，要看看天下督抚的眼色。上面已经说过：洪、杨以后，清代政权暗移，中央则分大权于地方。军权与地方财政权，则均握于各大督抚之手。俨然是方面千里的大诸侯，倒不好随便开罪的。各省官吏人民，对于废立之事，那是人人义愤填膺，可是有什么和平方法去挽救呢？最后两江总督刘坤一，到底给他想出一个绝妙的和平挽救方法来了，即所谓"单片请安折"。原来自同治元年以后，所有全国大小臣工奏疏，总要加"恭请皇太后、皇上圣安"或"伏恳皇太后、皇上圣鉴”。绝对不许单提“皇上”一人的，三十五年中绝无例外。此次刘坤一以伏读药方为借口，单片“恭请皇帝陛下圣安”！既不得罪西后，又表示两江的大吏与人民，都忠爱于光绪帝。据说：这是浙江名士汤寿潜所设想的。后来颇有几件“单片请安折”上去，李莲英和那拉后看见风色不佳，决定把这“痴儿”暂时圈禁起来再说。

至于康、梁这一般“小人”，在西后自然要把他们立斩处决，才泄“奴家”胸中一股无名之火。可是“洋鬼子”可恶透顶，首逆康有为已经早一日受英使馆保护，并且特派兵舰由天津护送到香港去了。次逆梁启超、谭嗣同，又由日本使馆用绿呢大轿，接到他使馆中保护去了。李莲英和那拉后于是恨“洋鬼子”刺骨！东洋小鬼割朝鲜、台湾，她没有觉得有什么可恨；只有保护“逆贼”梁、谭，这才是不共戴天之仇。二年后庚子之大杀“东西洋鬼子”，其导火线即伏于此。

谭嗣同精忠壮烈的芳躅

其中谭嗣同精忠壮烈的行为，尤为可泣鬼神，可风百世。他本可以如梁氏一样，由日本严密保护，安逸地送往东京。可是他已经入了安全地带，又重新自动出来，愿抛头颅，以改造祖国百年的命运！这种“忠”而“侠”的行为，中国已经数百年见不到了。

……旋闻垂帘之谕。君(谭)从容语余(梁)曰:“昔欲救皇上,既无可救;今欲救先生,亦无可救。吾已无事可办,唯待死期耳。”……入日本使馆,劝余同游。且携所著书及诗文辞稿本数册,家书一箧托焉。曰:“不有行者,无以图将来。不有死者,无以酬圣主。今南海之生死未可卜,程婴、杵臼,吾与足下分任之。”遂相与一抱而别。初七、八、九三日,君复与侠士(相传即大刀王五,但未至)谋救皇上,事卒不成。初十日,遂被逮。被逮之前一日,日本志士数辈,苦劝君东游,君不听;再四强之,君曰:“各国变法,无不从流血而成!中国未闻有因变法而流血者。此国之所以不昌也。有之,请自嗣同始!”卒不去,故及于难。……于八月十三日斩于市。春秋三十有三。就义之日,观者万人,君慷慨神气不少变!

(《谭嗣同传》)

这壮烈史迹,民国十六年夏,梁先生亲和其昌再讲一篇,从黄昏直讲到天亮。已经隔着三十五年了,梁先生还是老泪纵横,其昌也不觉热泪夺眶。谭嗣同氏在百忙中间,还代他的父亲谭继洵,先上一个“黜革忤逆子嗣同”的奏片,使他的老父免于罪戾;他真是忠孝两全。他在狱中,又题一诗于狱壁,曰:

望门投宿思张俭，忍死须臾待杜根；

我自横刀向天笑，去留肝胆两昆仑！

张俭是譬喻他所怀念的康南海。杜根，也许是暗指他所期待的某侠士。这首诗，立刻电传到日本，日本立即为它谱出曲调来，令学生们歌唱。因为这件事的本身太可感动人了。

千秋肃敬的刘光第父子与林旭夫妇

其他同时五君子的义烈行为，也实在可泣可歌。譬如梁氏的《刘光第传》记他们父子殉国：

君（刘）既就义，其嗣子赴市曹伏尸痛哭一日夜以死。

三十五年后梁先生亲为其昌追述当时的情形说："裴村临刑，其嗣子不过十四岁或十六岁，仓促确知，别无法救；赶赴刑场向监斩官刚毅叩头流血，请代父死，不允。既斩，抱其父头而哭，立时呕血，半夜而死。……"闻之酸鼻。又记林旭夫妇殉国事：

君（林）妻沈静仪，沈文肃公葆桢之孙女。得报，痛哭不欲生。将亲入都收遗骸，为家人所劝禁，乃仰药以殉！

（《林旭传》）

康广仁、杨深秀、杨锐三君子的忠烈

又记康广仁狱中告诫程、钱之气概：

……君（康）从容被逮。与程、钱二人同在狱中。言笑自若，高歌声出金石。……程、钱曰："吾等必死矣！"君厉声曰："死亦何伤！汝年已二十余矣，我年已三十余矣！……特恐吾等未必死耳，死则中国之强在此矣。死又何伤哉！"

（《康广仁传》）

其他如记杨深秀：

忠诚之气……论者以为虽前明方正学、杨椒山之烈，不是过也！

（《杨深秀传》）

而记杨锐则云：

……叔峤（锐字）……尚气节，明大义，立身不苟，见危授命！有古君子之风焉。

（《杨锐传》）

这一幕历史上不朽的名剧，在北京的，以"黄匣""朱谕"始，以"银刀""碧血"终，就此草草告一结束。至于梁任公本人呢，由日本公使林权助受日政府令，严密保护：扬言"日本钦差大臣内眷回国"，卫士呼殿，婢媪围绕，不令人窥。用专车送至塘沽，更由大岛兵舰，由塘沽直驶东京。在东京过他另一套亡命的文豪生涯去了。

政变失败原因的解析

至于戊戌政变所以失败的原因，大概可以说是先天的、命定的、必然的、无可幸免的归宿。其原因实在最显而易见的。随便举例来说，即有下列各项。

由于清德宗的无权与无能

也难怪他，他自四岁起便在这紫禁城的牢狱中受李莲英和西太后淫威的胁制，畏惧恐怖的心理，已经深深打入下意识中，清朝的亲王朝贵，没有一人把这可怜的皇上，放在眼里。每一个太监，都是监视他的侦探。他早已和汉献帝、魏高贵乡公，处于同一的地位。以如是的地位，而想愤发图强，大有作为，根本已有“缘木求鱼”之感。谭嗣同辈初时还蒙在鼓里，梁氏说：

……初，君（谭）之始入京也，与言皇上无权。西后阻挠之事，君不之信。及七月二十七日，皇上欲开懋勤殿，设顾问官，命君拟旨。先遣内侍捧“历朝圣训”授君，传上言：谓康熙、乾隆、咸丰三朝，有开懋勤殿故事，令查出引入上谕中，盖将以二十八日亲往颐和园请命西后云。君退朝，乃告同人曰：今而知皇上之真无权矣。至二十八日，京朝人咸知懋勤殿之事，以为今日谕旨将下而卒不下，于是益知西后与帝之不相容矣！

（《谭嗣同传》）

此点康广仁最有先见之明，早已洞若观火，他在戊戌春间就说：

我国改革之期，今尚未至。且千年来，行愚民之政，压抑既久，人才乏绝；今全国之人才，尚不足以任全国之事，改革甚难有效。今科举既变，学堂既开，阿兄（康有为）宜归广东；卓如（梁早年之字）宜归湖南；专心教育之事，著书，译书，撰报，激励士民爱国之心，养成多数实用之才。三年之后，然后可大行改革也。

他的卓见，未被兴高采烈的“阿兄”及卓如采纳。到七月他又剀切地说：

……自古无主权不一之国而能成大事者。今皇上天亶睿圣，然无赏罚之权。全国大柄，皆在西后之手，而满人之猜忌如此，守旧大臣之相嫉如此，何能有成！阿兄速当出京养晦矣。

（《康广仁传》）

这可说明戊戌新党，自己也知道必然失败，是“知其（可）不可而为之”的。

康有为本身的缺点

康有为对于“当领袖”的根本资格，其优点是：一、魄力伟大；二、精神勇猛；三、感情丰富；四、毅力坚韧。但他的缺点较多：一、胸襟不广；二、态度傲慢；三、个性执拗；四、理智不强；五、做事无序；六、缺乏科学训练；七、本身不求进；八、所学太乱，不适用于其时代（已详第二章）。而反骄然不惭，自谓贯通天地人，不免可笑。他在“百日维新”期间一生最精彩得意的生活，为他的头脑冷静理智较强的阿弟，对此有生动的描写及切中的批评。说：

……伯兄(康有为)昼则讲学，接见人士日以数十，户外屡满。夜则代草奏稿，鼓言路，及能上折者上言。及四月，伯兄召见后，上奏及见客益忙。夜又改定《法兰西革命记》《突厥削弱记》《波兰分灭记》，因频奉上命索取，故弟须一切照料，昼夜商榷。伯兄草文，皆夜深高卧，诵之于口，而弟笔之于书。其有宜商者，即与弟辩议。即写成折，夕上而朝行！故弟亦忙极不能行。

(《戊戌六君子遗集》康幼博茂才遗文：致口易一书)

当时康有为的生活，如此的忙繁、紊乱而仓促，纵然精力过人，其成绩也自然不会佳的。他老弟对于乃兄的批评，尤为公允而有味。他说：

伯兄规模太广，志气太锐，包揽太多，同志太孤，举行太大！当此排者、忌者、谤者盈衢塞巷，而上又无权，安能有成？弟私窃深忧之。故常谓但能竭力废八股，俾民智能开，则危崖转石，不患不能至地。今已如愿，八股已废。力劝伯兄宜速拂衣,多陈无益,且恐祸变生也。伯兄非不知之,唯常熟(翁同龢)告以上眷至笃,万不可行。伯兄遂以感激知遇,不忍言去。……弟旦夕力言,新旧水火,大权在后,绝无成功,何必冒祸!伯兄亦非不深知,以为生死有命,非所能避。

(同上)

以上真是语语洞中肯綮之言,他又指出乃兄性格的缺点,说:

伯兄思高而性执,拘文牵义,不能破绝藩篱,至于今实无他法,不独伯兄身任其难不能行,即弟向自谓大刀阔斧,荡夷薮泽者,今亦明知其危,不忍舍去。乃知古人所谓"鞠躬尽瘁,死而后已",固有无可如何者。

(同上)

即梁氏本人,对于戊戌政变失败的原因,及"主动"领袖不可避免之缺点,亦有公正、平允、精到的自白:

戊戌维新之可贵,在精神耳。若其形式,则殊多缺点。

当时举国人士，能知欧、美政治大原者，既无几人。且掣肘百端，求此失彼。而其主动者，亦未能游西域，读西书，故其措置不能尽得其当，殆势使然，不足为讳也。若其精神，则纯以国民公利公益为主；务在养一国之才，更一国之政，采一国之意，办一国之事。盖立国之大原，于是乎在，精神既立，则形式随之而进。虽有不备，不忧其后之不改良也。此戊戌维新之真相也。

（《南海康先生传》）

据梁氏的理论，则戊戌政变，本来是从失败中以求成功。即失败亦即成功。以失败促进成功。即谭氏之慷慨自愿洒热血以洗中国之腐政，亦热烈地怀望若此意耳。

满族之嫉妒排斥汉人而破坏

自洪、杨平后，西后即以积极制裁中兴大臣为唯一政策，故彭玉麟宁可解除兵柄，至杭州西湖三潭印月的退省庵中做一渔夫，而绝不肯至京就任兵部尚书。梁任公尝叹息着说：

中兴诸勋臣，所以不能兴维新之治者，亦畏那拉氏之猜忌悍忍，而不敢行其志也。……曾国荃初复江南，旋即罢职闲居，曾国藩之胆于是寒矣，左宗棠班师入觐，解其兵权，召入枢垣，阴掣其肘也。故甫及一月，而已不安其位矣。目余百端，无不类是，亦何怪其灰心短气，而无能为役也。

（《中国积弱溯源论》）

至于在捻、苗平定以后，戊戌政变以前，这一段期间，正是事实上汉人立军功、握政权、地方督抚分取中央大权之时，此时，一些无知的满人嫉妒愤恨之气，郁而未发，但时时流露。譬如：

昔有某西人语某亲王曰："贵国（清）之兵太劣，不足与列强驰骋于疆场，盍整顿！"某亲王曰："吾国之兵，用以防家贼而已！"

（《中国积弱溯源论》）

凶悍的满人，更公然造作妖言，危词耸听，公然昌言以排汉：

不宁唯是。满、汉界限之见，日深一日。……逮于近年，遂有如刚毅辈造出"汉人强，满洲亡！汉人疲，满洲肥！"之十二字诀以乱天下！

（同上）

至于戊戌政变之前夕，则“防家贼”的声浪，愈唱而愈高。梁氏自述：

> 夫满、汉之界，至今日而极矣。……满人……无端忽焉画鸿沟以限之曰：“某事者，汉人之私利也。某事者，汉人之阴谋也。”虽有外患，置之不顾，而唯以“防家贼”为言！夫国家既以“贼”视其“民”，则“民”之以“贼”自居，固其所也。
>
> （《论变法必自平满、汉之界始》）

彼满人既侮辱吾全体汉族为“家奴”、为“家贼”，当清廷之割土地于异国时，他们所承秉唯一的政策，为“宁与仇人，不与家奴”！此又清末全国人人所深知者。而其设兵的对象，乃专以虐杀我汉族——“家贼”为目的！这样看来，则康、梁等谋戊戌维新，不但命定的绝对失败，反觉何必多此一举，只有“以贼自居”以武力革其命耳。

在“百日维新”期间，满洲人闹鬼的趣事，尤为笑话百出。梁氏说：

> 满人之仇视皇上也，谓皇上有私爱于汉人，有偏憎于满人！

今满洲某大臣之言曰："变法者，汉人之利也，而满人之害也"，满人之阻挠变法，惑于斯言也。

（《论变法必自平满、汉之界始》）

在这样受满人排挤、压迫、攻击之下，"维新救国""变法图强"，真是一个荒唐的幻梦。

守旧分子的死力阻挠

不唯一事无能、感觉生存威胁之满洲朝贵视变法维新有如蛇蝎，即中国之"准汉奸"，全禄位、保妻子之大小官僚，亦视变法维新为"打破饭碗"之祸根，故亦出死力以反对。况中国自雍正、乾隆以后，压抑民气、愚蒙民智之政策，无所不用其极；百年之后，甚至整个民族的"人生观"，亦为之改变！梁氏所谓：

……乃今世之持论者……曰安静也，曰持重也，曰老成也，皆誉人之词也。曰喜事也，曰轻进也，曰纷更也，皆贬人之词也。举之莫敢废，废之莫敢举。一则曰依成法，再则曰查旧例，务使全国之人，如木偶，如枯骨，入于颓然不动之域，然后已！

（《中国积弱溯源论》）

谭嗣同更痛切论之云：

处事不计是非，而首禁更张。“躁妄喜事”之名立，百端由是废弛矣。用人不问贤不肖。而多方遏抑。“少年意气”之论起，柄权则颓暮矣。陈言者，则命之曰“希望恩泽”。程功者，则命之曰“露才扬己”。……统政府六部、九卿、督抚、司道之所朝夕孜孜不已者，不过力制四万万人之动，絷其手足，涂塞其耳目，尽驱以入乎一定不移之乡愿格式！……教安得不亡，种类安得可保也！

（《仁学》）

在戊戌以前，既以是为牢不可破之“国是”；及新法既见之实施，则彼辈更感觉得实际的切肤之痛了。此中症结，梁氏亦早已深知：

……今守旧党之阻挠变法也，非实有见于新法之害也。吾所挟以得科第者曰八股，今一变而务实学，则吾晋身之阶将绝也。吾所恃以致高位者曰资格，今一变而任才能，则吾骄人之具将穷也。吾所藉以充私囊者曰舞弊，今一变而核名实，则吾子孙之谋将断也。然犹不止此，吾今日所以得内位卿贰、外拥封疆者，不知经若干年之资俸，经若干辈之奔竞而始能获也。今者循常习故，不办一事，从容富贵，穷奢极欲，已可生得大拜，死谥“文端”，家财溢百万之金，儿孙阶一品之荫。若一日变法，则凡任官者皆须办事，吾将奉命而事耶，则既无学问，又无才干，并无精力，何以能办！将不办耶，则安肯舍吾数十年资俸奔竞，千辛万苦所得之高官，决然引退，以避贤者之路哉！故反复计较，莫如出死力以阻挠之。尽全国千万数之守旧党人，不谋而同心，异喙而同辞，他事不顾，而唯阻挠变法……未有艾也。

（《论变法后安置守旧大臣之法》）

梁氏乃欲仿日本明治维新安置封建藩侯之法，以高位贵爵不视事而坐食厚禄以处置此辈，无奈清德宗之绝无寸柄啊！

我欲望鲁兮，龟山蔽之。
手无斧柯，奈龟山何！

梁任公先生别录拾遗

其昌以海陬稚学，幸得侍我先师暮年讲席，以逮于易箦。往来清华园及天津马哥保罗路寓宅者颇久，尝夏夜侍坐庭中，先师缕述变法之役及护国之役身所经历者，往往至子丑交，一夕竟至东方之黎明。其大端，世人所已知，亦颇有世所未知，可为“野史亭”中真实之史料者，今濡笔追录，以应晓峰先生督令拾遗之命。惜乎，丁此贞元绝续之际，中兴开国之大业方艰，先师乃长赍“报国后时”之痛以殁，不获再振其南海之潮音，龙象之怒吼，以号复我国魂！此则为弟子者言微而声弱，文章报国，作战不力，既有负于国家，亦愧对我师训！固不独望“西洲”而兴哀，思桥公而腹痛也。

先师曰：“余在护国之役略前，脑海中绝无反日之种子，不但不反日而已，但觉日人之可爱可钦。护国一役以后，始惊讶发现日人之可畏可怖而可恨。‘憎日’‘恶日’与‘戒备日’之念，由微末种子培长滋大而布满全脑。戊戌亡命日本时，亲见一新邦之兴起，如呼吸凌晨之晓风，脑清神爽。亲见彼邦朝野卿士大夫以至百工，人人乐观活跃，勤奋励进之朝气，居然使千古无闻之小国，献身于新世纪文明之舞台。回视祖国满清政府之老大腐朽，疲癃残疾，肮脏邋蹋，相形之下，愈觉日人之可爱可敬。狄平子诗'恰怜小妹深闺坐，短短眉弯自画成！'即咏此境况也。当时日人甚爱我助我，尝谓彼亦诚心希望中国之复兴，与日本并立为强国，为黄帝后裔两柱石，余亦深信彼等之语不虚也。故愈觉日人之可亲。但有贺长雄既怂恿袁氏盗国称帝，始觉日人之可恶，然而尚未十分深恶也。二十一条之提出，始深恶日人之幸灾乐祸，损人利己，卖友打劫。然而知日本之'凶'，而尚未知日本之'毒'也。感觉日人之可恨可恶，而未知日人之可怖也。松坡既行，袁氏日夜派便警逻守吾门，余买通街头胶皮车夫，与之易服夜逃。甫离津，袁氏已觉，杀其便警。严命其沪上逻犬捕予，期在必得，'务获梁启超，就地正法'之'上谕'已布，上连像片，较清廷尤密。予惴惴不知死在何处，但暗中如有天神护卫，化险为夷，逢凶为吉。独自无僇，痴思妄想，岂真国运未绝，有天神呵护耶？则又哑然自笑。自是由津而沪而港，此疑谜终不能破。至港，日人始明目张胆助予，始恍然暗中护卫我者，非天神也，乃日本人也。由港至越，日本动员其官、军、商、居留民、间谍、浪人全力以助余,虽孝子慈孙之事其父祖,不能过也。夫日人果何爱于余,何求于余,而奉我如此乎？在越南道中思之,不觉毛骨俱悚,不寒而战。遂转觉每个日人,皆阴森可怖！吾乃知拟日人以猛虎贪狼,犹未尽也,乃神秘之魔鬼也。我此后遂生一恍惚暗影,他日欲亡我国,灭我种者,恐不为白色鬼,或竟为矮人也。然吾乃永远持'中国不亡论'著称于世者,特我人戒备之对象,当在彼不在此。……"先师之语尚繁,谈彻通夕不寐者,即此事也。时为十六年新秋,济南惨案尚未发生也。先师夏间家居,必脱袜,赤足,拖鞋。而日人官吏、新闻记者拜访频数。阍者报东客来,必蹙连呼"讨厌讨厌,又来保卫我了;可怕可怕",每次必然,乃冠带见客。东客去,急跣足如故。

戊戌之役,夜话时,亦不倦缕述,大体与世所闻者不殊,袁世凯卖主求官,鬻党媚后,人人所习知。然写近百年史者,以为袁氏之与闻康事,乃出于谭嗣同夜半之劫持,则不深悉曲折也。据先师所亲述:"袁氏变法维新之见解,实出于自动,拥德宗以武力行政之计划,实亦发动于袁氏,而决非壮飞(谭氏字)所强迫。事后细思,乃知戊戌之际,袁氏即已潜伏取清廷而代帝之心矣。其用心深长细远,吾辈纯白书生,尽为所欺,至十余年之久,真一世之奸雄也。袁氏初从吴忠壮公(长庆)于朝鲜,豪爽奔放,以一时人杰自命。时与马相伯(良)、眉叔(建忠)、张季直(謇)……等新进名流,上下其议论，故欲强中国，革腐政之心，袁氏实不在人后，又眼见朝鲜为日人从其手中夺去，经此刺激，其爱国之心，实亦强烈而真挚，并不由于壮飞一席之语所启发。惟自始至终，一‘私’字横亘于胸，必须将中国移为其袁氏之私产以后，乃极力整顿使成为富强；此所以身败名裂，贻祸中国无穷也。南海先生（先师所称）未变政时，袁氏深恐中国即刻亡，乃协谋变政。及变政略有端绪，又恐中国之强由翁、康、梁、谭，而己则为褊裨，故卖主而告密。及变政既已失败，又恐大权在裕禄，而己则仍为褊裨，乃复推行新政于直鲁，培实力而博民心，俟良机以倒清廷。事后推寻其线索，其称帝之念，固已潜蓄于戊戌以前，一贯而未尝变也。”

先师于生平死友中，最钦重浏阳谭先生嗣同。述其赴义时忠烈之轶事，闻之眼湿。“大祸既迫，德宗央英使馆护南海先生出京。然未央日使馆也。时日人初行新政，一颦一笑，惟欧洲是效，以为欧洲之文明政治，有保护他国政治犯之举也，亦欲在中国有所树为，一以夸耀文明于欧人，一以树势力于中国政党。时日驻京公使为林权助，事先已奉有相机保护政治犯之密令，至是乃自献殷勤，戮力营救。先以绿呢大轿接壮飞至馆。继以绿呢骡车迎余。——时京中即在公使馆亦尚未具有新式马车也。——壮飞与余处日使馆二日，日夜计划营救皇上之策，及计算南海先生之行踪。壮飞忽如有所省，一人入房中，阖户甚久，出乃以一文件，命公使馆役往投某衙门。笑谓余曰：‘还须告他一状！’余茫然不知所谓。壮飞终不肯言。事后都下忽甚传谭某告发其子嗣同忤逆不孝，断绝父子情谊，因得获免连累。度当日之所为，即此事也。血热而心细，身殉祖国，而老父获全，未有如壮飞之壮烈也。日使林权助，饰其夫人之车，强余与壮飞离京，壮飞坚辞谢曰：‘闻之西史，革命则无不流血者。中国革命之流血，请自嗣同始！’居使馆三日，脱奔清廷自首，曰：‘嗣同请以颈血洗涤中国之腐政！’遂斩于菜市。六君子成仁之日，予尚居东交民巷日使馆，悲惊晕绝，又数日，林使强纳余于其所预饰之夫人车中，外坐婢媪，卫士呵殿，扬言日本钦差大臣家眷回国，遂出京至津，直坐其兵轮赴日。”

先师遂连类而涉及富顺刘先生光弟（第），曰“裴村，亦一至可歌泣之人也。裴村讲朱子学，学黄山谷诗，皆深造。其持身精严清苦，为京官十余年，寄居西直门外一小庙中，至死未尝赁屋于城内。余与裴村非故交，疏往还，不知其身世之详。因新政，始略与接触。然每见之，肃然敬其为人。裴村一子亦至孝，临斩，哭奔菜市，向监刑官稽首号恸，乞以身代父死，叩头流血。不许。抱父首大哭，呕血，不久亦以毁卒。孤臣孽子，哀动鬼神！”先师曰：“此事至今思之，犹酸我鼻。中国有如此志士仁人而不兴，非天理也。”

先师述:“袁项城拒谏饰非,作伪术之巧妙,登峰造极,古今无可伦比。时帝制论已尘嚣全国,冯华甫(国璋)自南京来津,邀余同往作最后之谏诤。华甫曰:‘我之辩说远不如子,子之实力亦不如我。必我与子同往,子反覆予以开道,而我隐示以力为子后盾,庶几千钧一发危机可挽。’余诺之。乃尽一日夜之力,密草谏说纲要,至数十条,竭尽脑汁,凡可成为理由者,无不备举,欲为垂绝之国运,亿万之生灵,打最后之一针。及二人联翩至新华宫,项城闻吾等至,喜动颜色,酒酣,余正欲起立陈述,项城先笑曰:‘二公此来,吾知之甚稔,乃欲谏我不做皇帝也。我反问二公,袁某欲作皇帝者,究思作一代皇帝而绝种乎?抑思作万代皇帝而无穷乎?’余与冯愕然未答,袁又笑曰:‘除非痴人,自然欲作万代天子!’乃喟然叹曰:‘我有豚犬二十余人,我将尽数呼出,立于二公之前。任公!君最善知人,我即托任公代我选择一子,可以继立为皇帝者,可以不败我帝业,不致连累掘我祖坟者,任公,待君选出以后,我再决定称帝。如是或可称帝二代!’余与冯四目相视,嗒然如伤,怀中万言书,竟一字不出。袁诸子环立侍宴,幼小者乳媪襁褓侍,袁忽变作悲痛之容曰:‘我如许豚犬,无一克肖,无一非庸懦纨绔,然父之于子,孰不疼爱,我虽怒此辈不肖,然仍不愿因我造孽,他日为别人作鱼肉烹杀也。我百年后,敬托二公善护之。’余与冯迄辞出,竟不能一提‘帝制’字。”

因之而述及蔡将军锷，先师曰："松坡，长沙时务学堂中齿最稚之学生也。时务学堂封，学生络绎东渡，静生（范源濂）与松坡家最贫，时我辈亡命客亦穷甚，无大力周济，所以援之者至菲薄，松坡与静生常衣囊中只剩日币三数有孔铜圆，忍受数周至数月。静生立志教育报国，余甚嘉之。松坡最瘦小，体极弱，必欲学陆军，余百方规劝不肯听，不得已任之。庚子汉口革命之役，佛尘（唐才常）已回鄂发动，余亦秘密返沪。时务学堂高材生林圭、李海寰……诸君，已随佛尘在汉实际工作，久之不得佳耗，松坡随余在沪，焦惶不安，请于余，亲至汉探助，至汉，佛尘命返湘，乞助于黄泽生将军。黄，老成练达材也。得松坡，即留之不放行；且大诟：'梁任公、唐佛尘无故牺牲有用青年。'松坡愤极，与之高声抗辩，黄充耳不闻，强留之。余又不得松坡行迹，愈惶急，决亲身赴汉。船票已办就。因亡命不敢逗街埠，准时而往，则此船以货少，早半小时启锭矣。余大怒，顿足而骂。无何，汉口事发，张之洞淫戮我民族之志士，唐佛尘率其弟子林圭、李海寰等五人继戊戌六君子之碧血，掷头颅以贡献其祖国，即世所称庚子六君子者也。松坡以黄将军之留，余以船期之误，皆幸得免死。"先师又言曰："唐浏阳与谭浏阳，血性之热烈同，性格之卞急同，学问之幽隐僻奥同。《觉颠冥斋内言》与《仁学》，固有甚相似之点也。"

其昌于同门诸先进，尤钦服范静生先生，真可谓"温温恭人"

"温其如玉"者,每与范先生晤对,不觉鄙吝都消,有秋月冰壶,映澈照人之概。举以告先生,先生笑曰:"汝以范静生比黄叔度,良是,汝亦知静生少时之况乎?虽谓之'小乞丐'不过也。襁褓丧父,与其弟旭东(范锐)由太夫人抚养,家赤贫如洗,弟兄拾野柴为生。以聪慧故,得入时务学堂,乃反以膏火哺母弟。当时已感动吾辈。静生后矢志以教育救国。旭东矢志以实业救国。兄弟艰苦奋斗,数十年如一日,至今俱卓然有成。"

(原载1942年8月《思想与时代》13期)

1913年10月10日袁世凯正式就任中华民国大总统之后,与各国驻华使节合影。前排中为袁世凯;三排右二为司法总长梁启超

梁任公先生晚年言行记

中华民国三十一年十月三日，国民政府颁布褒扬先师梁任公先生明令。读竟，泫然流涕。不见我先师音容，十五年矣。中原板荡，神州疮痍，我先师地下有知，必将纵横走其老泪！幸而元戎神武，朝野同奋，中兴大业，发轫方半，晨旭初升，炎灵在望，不待家祭之告，九原有知，又必且血涌神王，奋兴无已，抱望无穷，长歌浩咏以鼓舞此伟绩也。昔吾亡友张素痴（荫麟）先生，以中枢未褒扬梁先生为遗憾，此在先师无遗憾也，其昌侍先师之日久，亲见先师每饭未尝忘国，其爱群忠国之怀，出于天性，非有所责报也。今中枢不忘前修，诵德报功，并且出于委员长蒋公万机之余所亲提，海内忠贤之士，必更将闻风而兴起。昔光武尊节义，敦名实，而东汉一代民族道德水准之高，为各朝冠，其效亦可以睹矣。曩吾在张晓峰先生（其昀），曾夸其昌撰《梁任公别录拾遗》，当时促促，未竟所记，先生晚年之嘉言懿行，颇为外间所未尽知，其昌见闻真切，惧其日久而遂湮，长夜寥寂，濡笔而存之，倘足以警顽而立懦乎？

晓峰先生曾述及国父与先师合作，南海乃不肯与国父合作事，其昌亦曾从容举此事以询："世俗所传云云，究可信乎？"先师亲答曰："不然，中山（先师如此称）与我甚厚，在横滨，有一短时间，每宵共榻，此世人颇有知之者。外传南悔轻视中山不恤与之合作，皆奸人挑拨之词也，最初，南海不甚了解中山，确系事实，后经日人平山周、宫崎寅藏、头山满……辈之奔走疏通，尤其犬养木堂（毅）之解释为最有力，犬养翁汉学甚深，道德甚高，为南海与中山二人所共钦。经彼之解释介绍，二人俱已涣然互信。其后不断有奸人两面挑拨，破坏合作。吾颇疑此种宵小，来自清廷，特南海环游世界，而我蛰居日本，无由委曲详尽进言耳。康孙最后破裂，闻在马尼剌。孙屈已谒康，康亦欣然出迎，闻下至楼梯之半，有人阻康云：孙携有凶器，此来实行刺也。康惊骇上楼，孙大怒而出。此事我非目睹，亦得之传闻，大体或不谬也。犬养木堂闻此讯长叹，况在吾辈！然康实无轻视孙之意也。"

先师虽不及交蒋委员长，然对蒋委员长实中心钦慕爱护，此非其昌妄说，有一事可资确实证明也。十六年新秋，先师病体初健，甚喜。先师住宅右邻，为中原煤矿公司，其屋乃先生之婿周国贤氏所有。先生兴发，散步至公司庭中，其昌与廷灿兄（先生之侄）从。三人在花架下共坐一长藤椅，忽王抟沙先生匆遽入门（以下特用白话记），见先生，脱帽，搔其光秃之头，大呼曰："好戏！"先生笑曰："什么好戏？""蒋介石下野了！""真的吗？"梁大惊，掷其半枝雪茄突然起立以足怒踏之。"这还能假！"王随答随摸烟盒，以一雪茄授梁，以一自抽。梁颓然坐，王亦对坐。"这还了得！这不得了！真不得了！"梁皱眉蹙额，连连咨嗟。"敢问先生，有何不得了处？"王故作滑稽，以戏中人声调相问。先生不答。少顷，叹一长气，"唉！中国真要乱到几时呢？我这一生，还能眼见中国太平吗？还能眼见中国再兴吗？我望了几十年，想中国再兴，现在看来，中国再兴的时候，我决然已死了！"王此时面貌亦肃然，"先生病刚好，怎么这样悲观。早知如此，不告诉你。"梁仍不答，一人自叹自说："共产党笑我不彻底。我自己知道，诚然不彻底。我只望国家早日的'再兴'。国家的元气，再不能斫丧了，人民的苦痛，再不能不解除了！内战决须要停止；统一决须要实现。先头，我甚至于痴痴的希望吴子玉，好，给你们赶跑了。现在你们又要闹翻姓蒋的！你们与中国究竟有什么样的深怨死仇，一定不让它统一再兴！"王窘极，以滑稽语调作答："先生息怒，我姓王的不要闹翻别人。"梁不自然地微笑："对不起，自然不是说你们——你和子馨、廷灿。我有点愤激，好像在骂你们——其实，蒋某人我没见过一面，不过凡是少年英雄（当时华北盛传蒋总司令为‘少年英雄’，故先生云云），我总觉得是可爱的。我爱少年。我为继起有人而喜。挎沙！正经请你讲讲这经过的详细。到底哪里得来的消息？不要又上了东洋人造谣的当。”王于是略述蒋总司令那时下野赴日本的经过。先生闻蒋赴日本，突又起立厉声说：“老天！危险透顶！松坡不到日本决不送命！松坡有统一中国的资格。天知道，东洋医生给他打了什么药的针，就一命呜呼！蒋到日本干吗！糊涂！没有人提醒他一声。糟透！糟透！”先生面如土色。其昌乃起立曰：“先生的见解实在是对的。但我永远有一种迷信，天佑中国，一定会有贤者起而统一。蒋总司令应该就是。先生可休息了，我和灿哥出去打听确实消息报告。”因与灿兄扶先生归卧，先生回时足疲须扶，当夜便血复发。医生大惊，明明已痊愈，何以复发如此速而且猛！又卧床不起者近二月。据此事，先生心中爱护蒋公之真诚，于不知不觉间毕露矣。

国民革命军近京畿，其昌适返杭，为五妹缔婚，故济南惨案时，先师悲痛之状，不获亲见之。传闻先生有再度出国避难之说，即北上谒见，告以“先生如出国，其昌将再赴广西”。先生曰：“余对祖国，可告无罪。国人如谅余，余决不离祖国怀抱。如一时真不见谅，余无力赴美，将暂赴朝鲜隐居，汝能从我乎？”其昌答："友人邀回广西任省视学。然朝鲜崔致远之文章，李退溪之理学，亦何异乎中华，慕之久矣。且先生有命，自当随侍。"先生曰："然。余至朝鲜，拟作朝鲜理学史，或朝鲜学案，汝可助我。"无何，先师病笃，七百年来朝鲜理学之渊源，遂任其若存若亡，国人虽通学，亦无有肯注意之者矣。惜哉！使先师而老寿，其功绩决不在黄太冲（宗羲）之下也。

先师急公忘私之德行甚高，非弟子阿谀，有一事实，述之足为末俗所师效。十五年夏，教部聘先生任京师图书馆馆长，而经费涓滴全无。初时挪用昔年馆中储积寒微之小款，先生捐馆长薪不取以维持。至冬，此余沥亦干，馆中无煤升火，无纸糊窗，余入之，冷风飕飕，乃如殡舍。（时尚在方家胡同。）先生亦不裕，乃慨然将其本人五万元之人寿保险单，向银行押借、发薪、生火、糊纸，馆中人皆腾欢，暖如挟纩。此事徐森玉（鸿宝）先生亦常常对人称颂先生以私济公之美德。以私人生命之代价，济国家公共之文化，余至三十八岁，尚仅见先生一人而已。故特表而出之。污官墨吏闻此事，良心亦有所感动否乎？

先生建设国家文化事业之热心，乃出于天性。可为吾辈之模范。北平图书馆充实完备，庄严斋皇，得呈今日之伟观者，大半出于先生之苦心擘划，经营创始，并由于任用袁守和（同礼）先生之得人。此世人所周知也。将其平生积聚之图书金石十余万件，悉数交呈国家，今陈列于北平图书馆，此亦世人所周知也。有一事，关系民族文化甚巨，先生苦心努力作成之，私心者因私破坏之，而最后卒告失败，遗恨无穷。然世从未有知者，余特以董狐直笔揭破之。聊城杨氏海源阁之宋刊书，此国家之文化重宝也。使在日本，即价直较此低十倍者，亦早经政府指定为"国宝"矣。乃北洋军阀，昏聩不知，二次兵匪滋扰，使杨氏较次之善本，若元刊明钞，损失不少。其宋刊精华，由一年老之夫人，死力维护，得以救出，携之天津，邀索高价。厂肆书估有藻玉堂王某者，密得风声，渴思成此买卖以收大额佣金。此估素走先师门墙，乃报告先师。先师大喜，欲为国家永保此国宝。一面奖励王估，使其效力，一面邀集京津名流，共襄盛举。杨氏老夫人索价二十余万元，往返折冲，舌敝唇焦，又勉以"爱国"大义，最后始讲定七万元成交，包括宋刊四经四史，及宋刊《庄子》《王右丞集》等——约数十种，全部在内。此价实不称贵。但北平图书馆部门弘大，每一部门购书之费遂不能不严受时间限制。"善本书"一部门，不能立时提出七万元之巨款，时叶誉虎（恭绰）先生亦极热心公众文化，乃与先师共同宴客于梁宅，当时商定分为十股，各人认借，由北平图书馆按期摊还。北平图书馆先认二股，先生认一股，誉虎先生认一股，傅沅叔（增湘）先生认一股，周叔弢（暹）先生认一股。时北府首相潘复，欲求欢士林，自告奋勇，愿认三股或四股，托叶公转告，事垂成矣。越二日，会中某巨公爱古成癖，不能忘情于宋刊《王右丞集》，唤王估来，密告以欲将王集除外另售，王估难之。某公遂倡言："梁任公、叶誉虎皆好好先生，不懂市价，易受人欺，如此批书价，何至值七万金之巨耶。即四万金可了，已微贵矣！"杨氏老夫人闻之，愤极，遂解约。王估乃哀诉巨公："为此事，往来京津舟车旅店费，已赔三百金矣。商小民，非诸大人比，无钱补贴！"某公斥其痴，曰："若持《王右丞集》来，此区区三百金，吝不赏汝耶！"后闻《王右丞集》，竟归于某公，恐今又归日人矣。杨老夫人空抱遗书，善价难沽。越数年，闻以十八万金售于张汉卿（学良）将军，而九一八烽火踵至，又不果成。使此国族重宝，不得归于国家永保者，某巨公"私"之一念之所赐也。

先师好奖扬人善，而自处谦卑，于弟子辈如此，于同时友辈亦如此。教授清华研究院时，先生之齿，实长于观堂先师（王国维），褎然为全院祭酒，然事无巨细，悉自处于观堂先师之下。此外对于陈寅恪师、赵元任师、李济之师、梁漱溟师，亦皆自持撝约请教之态度。寅恪师称先生为"世丈"，而先师推重陈师，不在观堂先师下也。观堂先师从屈原游，先生为之请于当局者至再，终至见格。先师益咤无聊，命其昌辈推举良师。其昌代达诸同学意，推章太炎（炳麟）先生、罗叔言（振玉）先生。先师欢然曰：

“二公，皆吾之好友也。”先生尤惓念章先生，尝一人负手，盘走室中，忽顾予曰：“子馨，汝提起太炎，好极！使我回忆二十年前在日本时，吾二人友谊，固极厚也。太炎而今亦老矣，如肯来，当大乐！因汝一提，使我此二三日来，恒念太炎。”其昌因奉校命，北走大连，谒罗先生于鲁诗堂。南走沪，谒章先生于同孚里第。章罗二先生固昔尝请业问学，特未展弟子之贽耳。初时罗、章二先生均有允意，章先生捻其稀疏之须而笑：“任公尚念我乎！”且有亲笔函至浙，报“可”。然后皆不果，罗先生致余书，自比于“爰居入海”，章先生致余书，有“衰年怀土”之语。（二书忆尚保有于北平。）其后校中聘马叔平（衡）先生、林宰平（志钧）先生，则先师已殁矣。先是余每至沪，必谒章先生，至津，先生必问：“在沪见菊生（张元济）、太炎乎？太炎与汝谈何学？”其昌答：“菊生先生之德性、太炎先生之学问，皆使其昌终身不能忘。章先生偶与其昌谈及《易·说卦》‘其于人也为宣发’，其昌言‘宣发即寡发，王伯申《经义述闻》曾言之。’章先生谓‘此说是。证据在《北齐书》。’即背诵《北齐书》某人传如流。前辈读书之博而且精如此，虽欲不衷心钦服不能也。某次，与章先生谈及明清思想源流，章先生曰：‘戴东原思想，出于明之罗整庵。’其昌大惊，此非将《整庵存稿》《困知记》《原善》《孟子字义疏证》等书酿熟胸中，而透视其背，决不能出此语也。故其昌对静安、太炎二先生之学问，乃衷心佩服，非震其名也。”先师为之首肯者久之。

先师养疴津门，故旧往来最密者，丁在君先生（文江）、范静生先生（源濂）、胡石青先生（汝麟）、江翊云先生（庸）、余樾园先生（绍宋）、熊秉三先生（希龄）、张伯苓先生（彭年）、林宰平先生（志钧），次则张君劢先生（嘉森）、蒋百里先生（方震）、胡适之先生（适）、徐君勉先生（勤）。此四先生常在海外，返国始见。若叶誉虎先生（恭绰）、周季梅先生（贻春）、蓝志先先生（公武）等，则有事始至，不常来。（人甚多，已不记忆。）曾慕韩先生（琦）亦曾来问疾。其昌于上述诸名公，除胡适之先生，先已请谒外，其余皆因侍先师，始得捧手请益者也。百里先生，我同里，且吾先姑丈之远族弟兄行也。然未尝见一面，直至在先生家始识。志摩表兄本与先师最密，彼时在印度，故仅一至。弟子侍者，其昌及兴国姚显微（名达）、永嘉刘子植（节）。此诸名公，或在或逝，其风采言论，有足为世表率，传嘉话，培良风，因述先师而连类记之。今之文艺作者，扬恶而隐善，务讦人之丑而掩人之美，以毒骂痛诋挖苦揶揄为能事，建文艺之基础于粪秽上以自豪。病态乎，健康态乎，非余所知也。余则略记本人当时之印象：丁在君先生威仪修饰，卷须膏发，衣折整挺，俨然英格兰之卿大夫也。崇科学，尊理智，讲条理，重分析，是其长也。在君先生语余，其少时亦曾读宋明理学书，此为世人所绝不知也。且亲语余：“对于‘无鬼论’之概念，不信‘灵魂不灭’之说，最初自宋儒，后学科学，而此种信念乃得证实。”先师述：“在君为淞沪商埠督办时，荐函数百封，不任用，亦不拒绝。但将函中所述各人技能专长，分类分组保存，遇某事需人，依其技能，按类分组索阅，再行征求。其无处不玩‘科学把戏’，至于如此。”一夕，在君先生戏问予曰：“请问专家：郭沫若将《大学》‘苟日新，又日新，日日新’，改为‘兄日辛，父日辛，且日辛’。此说，子以为然否？”余曰：“此至确不易之说也。郭此文投《燕京学报》，燕京托予审查，予赞叹绝伦，极力推荐。刊时即由予代校。”丁先生笑曰：“我于金文甲骨，全为外行，然此说亦知其然也。”张君劢先生，诚恳忠厚，热情磅礴，终身以斐希忒自命，鼓吹复兴不倦；又为德哲人奥伊铿弟子，而对于宋明先贤学说，热烈服膺提倡者。范静生先生德性淡泊宁远，恬静和易，态度极温，语言极寡。喜生物学，即在先生家中，亦最喜至院庭中细观花木草树姿态生意，把玩研味。熊秉三先生天真，虽长须垂胸，而开口大笑时，尚有孩子遗态。胡石青先生敏锐而透切。江翊云先生静穆。其尊公叔海先生（瀚），余屡尝请谒于方家胡同。豪爽阔达，老而弥壮，高谈放歌，声震梁尘，与吾辈少年情绪投合。翊云先生与父风固殊焉。张伯苓先生开广而又坚毅。蒋百里先生深刻而沉郁。徐君勉先生真挚而诚恳。余樾园先生与吾辈最稔，在先生家往往解衣磅礴，挥毫作画。写巨松图，长二三丈，元气充沛，以赠先师，先师题以长歌，以自厉晚节焉。又各赠吾辈以画帧画扇，遍及诸弟妹，人人欢舞叫笑，极人世至乐。自今观之，樾园先生之画，骨种神隽，与南宋浙派之马（远）、夏（圭）殊，与明代浙派之戴（进）、朱（端）殊，与清代浙派之鹿床（戴熙）、鹤斋（赵之谦）更殊，殆得力于黄大痴（公望），而又发挥其俊朗明爽之个性者欤？樾园先生，吾浙派画苑之别子亢宗也。亦时时以其所珍藏，请先师题跋，余尚记有黄石斋（道周）泼墨山水，蒋山佣（即顾炎武）手书诗卷等。又有粤人罗原觉，常携唐宋珍贵名迹来共赏。今日本影印流传之北宋武宗元笔《朝元仙仗图》长卷真迹，余早在梁宅罗氏携来时见之，真感觉有“五圣联龙衮，千官列雁行，冕旒俱秀发，旌旆尽飞扬”之气象。余对于中国宝绘欣赏之兴趣，最初即培基于此时。

先师《饮冰室全集》，除各种专著外，即单以文体言，包涵之广，体例之杂，真古今罕见。先师尝自言：“吾笑俞荫甫（樾）《曲园全集》体例之杂，乃下至楹联、灯谜、牙牌、酒令……都吝不肯芟。吾他日之集，毋乃类此。”故今日宰平师所编之《饮冰室合集》楹联以下尽删不录。然先师挽静安先师联；及寿南海先生七十联，则其昌不敢忘也。记之以为文集拾遗。挽王静安先师联云：“其学以通方知类为宗，不仅奇字译鞮，创通龟契；一死明行已有耻之义，莫将凡情恩怨，猜意鹓雏。”上联能见王师学问之真价值所在。下联曲折表达王师纯洁之节操。真王师地下知己也。罗叔言先生误认为其昌代作,击节称叹不已。其实此联乃出先师自作也。寿南海先生七十联云:"述先圣之玄意,整百家之不齐,入此岁来,已七十矣;奉觞豆于国叟,介眉寿于春酒,亲受业者,盖三千焉。"全联均集《史记》《汉书》,及《郑康成集》原文而成,又切合于康先生之学问及地位,工稳妥帖适合如此,真难能可贵也。其后,康先生卒于青岛,北京学界开追悼会于松筠庵。(明杨椒山先生故宅,康氏第一次上书变法之集合地。)其昌集经典成语为挽联云:"大道之行,天下为公,有王者必来取法;群言淆乱,折衷诸圣,微斯人吾谁与归。"以篆文书之。先师遍奖于京中,誉为所有挽联第一。且谓余曰:"惟我之寿联,略堪与汝联抗衡!"先师自居约而奖饬后学之热情,至有如此者。先师易箦,其昌悲痛过分,几至不能为文联,后乃节取先师诗句,不敢更易,裁成为联云:"报国惟恐后时,献身作的,天下自任;着谕誓移旧俗,新知牖学,百世之师。"庶几先师以身殉国,不辞矢的之牺牲热情,以及开拓新知,文章革命之丰功伟烈,得万一之表见焉。

献身甘作万矢的,著论求为百世师。
誓起民权移旧俗,更将哲理牖新知。
十年以后当思我,举国如狂欲语谁。

世界无穷愿无尽，海天寥廓立多时。

平生恶作牢骚语，作态呻吟苦语谁。
万事祸兮福所倚，百年力与命相持。
立身岂患无余地，报国惟恐或后时。
未学英雄先学道，肯将荣悴校群儿。

此先师三十余岁，亡命日本时所作律诗二首，中华民国十五年夏，手书之，以赐其昌者也。牺牲悲壮之热情，救世爱国之弘愿，高尚纯洁之怀抱，清醒鲜新之头脑，勇迈前进之精神，少年激昂之沸血，涌溢楮墨间。今日背忆诵之，犹不自禁热泪之夺眶也。弟子不敏，请事斯语矣。

“三年请业此淹留，二老雕零忽十秋，感激深于羊别驾，哀歌陨涕过西洲。”此其昌所作《二十五年故都杂诗》之一——清华园过梁、王二先师故宅诗也。附书之以殿此文。

（原载1942年12月31日《中央周刊》第5卷21期）

附：梁启超致梁启勋书信

一、一九〇四年三月三日

仲弟鉴：

叠来书悉。兄于正月廿三起程返港(又在船过生日)。到港住二十日(连澳门),各同门皆见。

在澳亦十日,日与大人欢言,甚乐也。三姑、伯姊皆来,达建诸兄、东初侄亦到(族人到见者尚十数)。为大人预祝寿辰,极一时之乐。贵和侄聪明婉变,过于其姊,兄甚爱之。最妙者家中小孩,多云不记我面目,惟启雄、贵和则云认得,殊可笑也。兄日抱彼二人坐东洋车买玩物、食物。兄临行时二人必要随我同来,大闹了一场。兄又与合家人影相,又携和侄同影一幅,现尚未晒好,迟日当寄弟也。大人醉了几回,醉时甚可惊也。东初娶亲,我辈不久便做亚公了,为此事合家人皆回乡。兄起行后即往,且过清明也。东初姻毕后亦即来东游学，现谋官费不至得否？此为“掴”主义起见，不得不多用子弟也。业顽劣犹昔，兄归家数日，大约亦以骂彼占强半日子，真败兴也！大人醉后则更不得了矣。(我初到之日)彼竟偷我银二百余金，此事大人不知，伯姊见其形状诡异，且买金表，知必为彼所偷也。然待查出时，彼已遁回家，故亦无从追之，且恐张扬，伤大人心，故听之而已。此子如此，真是家孽，可叹也。现竟无法处置之，但欲流之于墨西哥而已。此事较鲍炽之外甥，尤为难处也。廷璋亦来省视余，此子弱质如此，真可虑。兄此行带启森、启文出来。森在报馆佣工，月求数金耳。文则医病也，文脑筋极钝极，不知何故，待医后或有望耳(以上言家事竟)。

兄见长者数日，长者以二月六日行，先往南洋，后至澳洲，将来欲由澳而欧，由欧而美，此亦无可如何也。同行者鲍炽也，长者以全力欲再举办此事，然成否殊难料耳。

港局现由君力、季雨、思勉同主持，条理颇改良。商股现收得者，尚不及三十万。

广智近由擎一主持，条理秩然，以后可无虑。惟前此借款太巨，今难猝还耳。存书银得值十万(原价也，若售价则廿余万矣)，真可吃惊。其实前此慧、荫两人亏空皆不巨。荫之亏空，则在临交代时也(亏五千余)，然荫数目胡涂极，依其所报告，则第一年尚须亏本,此必无之事矣。彼每月所费总须二三百,不取于局为何?取则其真亏空者实不少,彼五千不过其表面者耳。但前事即亦不必复问,此后则用三权鼎立法,擎一总理,有潘(先生所荐)某为管银,孝高核敦,此后必稳矣。现在只责旧书,并无新印,然正二两月,每月亦售书二千余金,每月赢余六七百元也,更得数种佳书,必恢复矣,可无念。

福生泰不佳,然未告大人。兄现迁至报馆三楼居住,每岁亦可省费千数也。罗昌处现已改作广东官费生,可以稍轻本党之负担,甚善甚善!

兄至粤,岑督幕中人皆来见,张鸣岐(岑所最亲用者)且以云阶之命来询治粤方略,然千疮百孔,从何补救,实无可言也。孝怀在幕极有权,彼等皆来,谈了两日夜也。

觉顿无用之极。时敏学堂现全入本党势力范围。子良为总教习,重俨所监督其余各人,皆来拜门,甚可喜。

香港《商报》现已销二千份,压过《中国报》,亦意外也。孝实、研诒二人主持之。孝高已搬机器到沪,沪报尚四月乃能出报,必甚佳也。兄到沪已十日,被擎一、楚卿辈监禁,不许出门见人,苦不可言。欲逃遁而又久无船位(因战事,日本船不行),直至今日犹在沪,尚需待三日乃能行也。百事不如意者须多,可慰者亦不少。弟在彼处既能求学,则亦宜安之,不可思逃遁他处,求适宜之校殊不易,此不可不察也。宜多学话,至要。

任顿首。

三月三日由上海。

二、一九〇五年三月二十一日

(弟译书事可速从事,此次寄上美金一百元,请往收。)

所爱念之仲弟鉴:

清明节来书悉,久不得书,手此甚慰也。条复如下,启文常使我脑筋暴跳如雷,今亦欲如弟所云置诸度外矣。

罗昌事却全非出自佛意,昌求我,我自为彼致书于其父耳,佛尚未知也。据昌言虽有成言,然尚未立契约,口话无凭,或可挽救也。弟前日之书久已烧去矣,无从复以寄家中。顾兄之不欲寄者,非惧大人之怒,弟实惧大人之自恼而已。我兄弟远在万里,不能一日承欢,则亦已矣。何忍更增堂上之怒耶。此意弟想能鉴之。惟家中诸子弟性质日下,其原因实如弟所云云。兄尚欲作禀几谏,兄言之胜于弟言之也。惟启文之顽状,竟不敢禀大人,仍往往作为喜慰之词,真无法也。大人顷来两书,今以寄上。

启业前书亦已觅得,一并寄上。彼自寄此书后亦并无第二书来,想恶性终难改耳。化学书实尚未寄,因前日托皇后船之一崽仔带,而彼竟未来,故至今各书仍存德猷(森)手也。今即补寄上电学书，日间访购便是。程斗事托程耀父助之最妙，兄加一书想必更有力，但今已忘其住址，故写一书托耀寄去社，转托彼可也。《新小说》实不能出版，不关弟之悬望也。《秘史》第二编则竟是德猷之误耳（德猷在此甚得力）。今想已补寄耶。第三编不日又出版了。

《时报》一日千里最为快意，现每日总添数十份，现已实销至七千二百余份，在上海为第二把交椅矣（《新闻报》第一），《中外》前此六千余，今跌至三千余。豚子恨我辈入骨髓（治外法权即驳《中外》也），日日谋所以相倾陷者，但求无隙为彼所持耳。德国领事最可恶，其心殆欲尽封禁我国报纸，而尤切齿于《时报》。江督周馥亦恨《时报》入骨（因骂之）。而《新闻报》亦妒我，《新闻报》者福开森为东家，一则妒我之进步，二则因铁路档案恨我，故《时报》今亦在四面楚歌中，惟步步谨慎而已。《时报》之无龙象告白者，乃大喜事，弟未知耶。前此初开无告白，故不得不以自己的塞纸，今则告白充斥辐辏，私家的反无地可容矣。《商报》亦大起色，在香港已占第一家之位置矣。年来此两事总算成功也。

近编《国史》，诚大得意，发明许多新境界，常有手舞足蹈之乐，然呕气处亦不少，呕者谁？即前此史家是也，勿论他人，即孔二先生已呕我不少矣。彼将前史许多删去，又任意去取，证以他书，彼造谣说谎之处，不知多少，真乃误人！然见所编已到战国时代，自此以后不必和二先生呕气，殆又要和阉人呕气矣。

兄近日在《丛报》之文多属史学的，弟观之自见。《时报》无作新告白，亦一好现象也。前此与各书局订特别条约，登便宜告白（二三者之间耳），今告白充斥，不能容彼等也。老猷与作新断绝关系久矣。《丛报》并非受一般冷视，徒因出版太过自由耳。现最畅销者《政艺通报》《外交报》，因出版依期也。

公度逝矣，以今之时局，失此人，真可痛哭。秉三方全力运动，得数要人，欲保公度出，当日俄外交之冲，今忽得噩电，嗒然若丧也。弟闻之谅亦悲苦耶。匆匆作复。

即问

学安。

兄顿首。

三月廿一。

三、一九〇五年九月十六日

仲弟鉴：

久不寄书，弟当想念甚苦矣。今拉杂书告：

一、译稿已到，即日发印，此稿大好，弟文学亦长进矣。今拟改名《血史》，添注一行云（原名《世界著名暗杀案》），弟谓好否。

一、今寄上美国银二百元,其汇单即写弟名。请弟照每千四元计算,应给北高多少,由弟给之便是。寄弟妇之五十金,日间当寄去。弟处现尚存学费几何耶?希早告,俾得续汇去。

一、兄及汝嫂见弟能译(从西文)尔许大部书,喜而不寐,告知大人当更喜也。

一、现在东京开一支店,名曰"中国书林",生意大好。因现有学生八千余人矣,尔森哥在该店司事,森近极长进,任事有条理、有耐力,同人无不赞叹之。彼在《丛报》一年,极称职,彼凑得资本一百元,兄代彼出一百元,即作为入"中国书林"之股(共股本二千元)。彼在店中每月薪水十五元,另有花红,大约年可获数百金。二伯母闻之,喜可知矣。大人闻其如此勤谨有用,亦深慰,言出意外也。

一、伯姊既将临蓐,膨胀异常(通身皆肿),据医者言,殆双胎也。以此之故,甚苦辛,寸步不能移。姊日夜忧泣,惧将死,然医生云必无妨。但双胎之说不敢告彼,恐其惊皇,只得敷衍之。彼自觉其异常,故更忧也。

一、澳门前月大地震,连震十三日,其最甚者自午后九点钟震至明晨六点钟,真是前此所未闻(广东各地皆震,但不如澳门之甚耳)。屋倒塌了甚多,家大惊慌,(全家)回乡居住。大人乡居一日余,捕匪、禁赌,风行雷厉,邻乡帖然云。邑城学堂又请大人为总理，老怀当稍欣洽。

一、思顺今年功课颇进，但不能来欧美，则明年须入东京，苦无佳校耳。思成在幼儿园俨然有学长之资格。思永已牙牙学话。今将三人合照之相寄上。

一、伯姊每见弟信，辄问弟何时可卒业归国，大人亦同此情怀，宜常以书慰之。此次所寄正票也，副票下次寄上。

兄名心叩。

九月十六日。

四、一九〇五年九月二十二日

仲弟鉴：

昨日得汝八月二十日来信，呜呼！仲弟汝犹问伯姊耶？痛哉！痛哉！我等亲爱之伯姊竟于一昨夕弃我等随母大人于地下矣。

初，姊有身，医者及产婆屡诊视，皆决其为双胎。我等闻之皆抱忧虑，然不敢以语姊。临产一两月间，姊自觉甚苦痛，常惧死，每日夕与诸弟相对辄作不祥语。然屡问医者，皆曰无伤，亦稍安心。惟姊语气之间皆甚怪异，近十日来，无论向何人，皆若作遗嘱语者。前日早晨（九月二十日），我尚未起，姊与思顺语，忽抱之大哭，而嘱其常劝我勿太用心，善保身体云云。由今思之，知其噩机已动矣。是晚十二点半(九点作动)产一人，姊望男子甚急，同人皆知其情，已相戒：若非得男，则暂秘勿语之。乃彼性急，必自取视，视之女也，既失望，再阅二十分钟，复产其一，仍女也。时彼已甚苦痛。再索观，不与之，彼殆亦知之矣，自作动至双产。不过历三点钟之久，两胎俱下。合家皆以手加额矣，不意经半点之久，胎衣不下，而通身出冷汗，汝嫂大惊。急召医生，医至，言脉甚微而乱，极危险，遽施医治，而经两点钟之久，胎衣仍不下，至两点半钟乃下，以为无事矣。而呼痛之声甚剧，医者坚嘱勿喧叫，恐失血更甚，同人苦劝其暂忍，乃不过再历半点钟之久，声息俱绝，一瞑而逝矣。呜呼！痛哉！痛哉！

昨日下午四点钟含敛出殡，衣衿棺椁，尚不十分草草，除四女外(翠琼未随来)，有弟三人、侄三人送殡，朋友送者亦数十人(德猷在东京，不及侍病榻，明晨以电话赶彼出来送殡耳)，料此难既终不可免，苟非来此，则姊丈既不在侧，我等更无侍疾之理，比较起来，亦差胜于在家耳。呜呼，痛哉！孰料姊之来乃与我等了此一段因缘耶？现在阿莲、阿时两甥茕茕无依，两幼女呱呱待哺，真是惨极，赶紧觅乳母养之，今尚未得当也。

姊辛苦一生，未尝得一日安闲。自来滨后，彼常与汝嫂言：自己命苦，不能享福，今此数月，较之前此，有天堂地狱之别，窃恐非福，恐衣禄遂尽矣。兄常笑嗤之，不意其果应此言也。即彼到此后，因怀妊之故，未尝一度出游，又医者言有胃病不许乱吃东西，实亦未尝得一日享用也。姊念弟甚，至前日见弟译稿，知弟能从西文译尔许大书，欢喜无量，惟日望弟归甚切耳。呜呼，孰料姊竟不复能见弟一面，而遂瞑耶。计此次病源，本缘前此诸胎产后失调养，血气已亏，又经数年久疟（疟根到此乃断），身子实已虚弱，在此数月，终日未尝离药炉。而此次复系双胎，当下两胎时气力已竭，成强弩之末，以胎衣久不下，故良血下泄，瘀血上升，是以及此，医者非不尽力，药治亦非失时，人力已尽，竟不能救，呼天而已。

兄接弟信时，送殡正归，读信中问伯姊一语，复不禁一号恸也。姊屡言欲作信与弟，惟病奄奄，打不起精神，常言产后必作书，而今已矣。

弟在万里外闻此，必当哀痛欲绝，兄欲告不忍，欲不告又不忍，今晨挥泪写此，呜呼我弟，汝当知汝孤身远客，父兄念汝甚至，许汝得书一恸，以尽爱情却，切勿久戚戚，以增汝兄一重忧思也。言尽于此，他事续陈。

兄弟启超。

九月二十二日。

前寄汇票一张，美金二百元，今复将副票寄上。

五、一九〇五年十月二十日

今日方发一信，晚间接到弟来交仁猷、芹甫、思顺同拆之信，实深骇异，料美洲或有他种谣言，弟又或于魂梦间有何凶征，是以惊皇若此？而兄久不通信，致弟想念，兄之过也。计一月前寄思顺姊妹三人相片，谅弟发此信后一二日内必到。又前报伯姊凶耗之信亦当已达，弟之疑，当可以释矣。犹恐信或有失，故今晚随即发一电，文曰“姑仔安”，发此电时，令我又触悲伤。盖呼此两字之人今弃我适盈一月矣。因弟来函所约如此，勉书此以慰弟也。弟当止哀，无令我远念至。至弟何为忧我？中国待我之事甚多，我何敢死也。弟一味安心，务期成学可耳。以太之感实属奇异，

梁启勋像

计弟来信正值此间办丧事时，料弟必有心惊肉跳等种种异征耶，不然何为如是。今日所寄信，乃交账房寄，后询彼等，知其乃写寄芝加高会所者，恐弟不收到，故补寄此。谅尚有他件在会所，

弟可往一询。

班本再寄上一通。

两浑，十月二十日。

六、一九〇九年五月二十五日

仲弟鉴：

五月二日书收，兄竟百余日不致弟书耶？似不尔尔，或内有遗失矣。此数月间兄大从事于著述以疗饥，且与觉顿、娴儿同学德文（弟闻之当吃一惊，我已读第二册读本矣），每日有一定功课，亦翛然有以自乐也。此间得家书亦至稀，于家事亦不甚了了，惟知业已得子，文已娶妇耳。来者相逐，我辈安得不速老哉。

开禁之议，近复大炽，闻将由常熟、义宁以及六君子，最后乃逮生者云。大约此事终办到，然痛快之举恐不可见。周公固贤，然英断似非先帝比，其视我，当亦寻常一时髦耳。兄年来于政治问题研究愈多，益信中国前途非我归而执政，莫能振救，然使更迟五年，则虽举国听我，亦无能为矣，何也？中国将亡于半桶水之立宪党也。顾此事自关四万万人之福命，乌可强耶？我亦求其在我者而已。若非有聘莘顾隆之诚，决高卧不漫起也。近为《财政学》一书，可得百万言，洵疗国之秘方。恐未必见用耳。以作稻粱谋，或可以凌饥于一时邪。

弟曷为非宣统五年后不能归？舍学问外尚有它故否？抑何事不堪语兄也？兄诚不期弟以速成，但颇思一合并尔。若仅为学问计，则不如以此数年之功转游德国。德之学远优于美，而费亦省于美，弟有意否耶？

近尚有填词否？前寄示数阕，意态雄杰，远过初次所寄，惟琢句尚有疵类，宜稍治梦窗以药之。兄废此半年，近两旬颇复有所枨触，拉杂成数章（诗多，词仅二耳），辄录以相娱悦。党事诚不欲问，风波稍静，亦足慰耳。雪公不能复居港，行将与弟相见也。承复。

即请

学安。

启超顿首。五月廿五日。

铭三书似尚未作复，荒唐之至，实则此种拂意事不欲语，一执笔则头涔涔然也。乞以此书并视之，且为我致意，更言我与觉顿在此忍饥相对，滋味正复隽永也。

七、一九〇九年七月二十四日

仲弟鉴：

秋后三日一片，并《解连环》词，悉收。词中下半阕第三句“乱鸦无限”，“鸦”字失律，此处必当用仄声也。（第四句之“忆旧游处处堪伤”，游字虽可勉强用平，然仍以仄为是。）弟词已精进，前次所寄数阕，煞有可诵者，但总不免剽滑之病，句未能炼，意未能刻入。此事诚难，兄虽知之而不免自犯此病，大约此事千秋无我席矣。弟若嗜此，当下一番刻苦工夫，非可率尔图成，今寄上《梦窗全集》一部，以资模仿，希察收。兄年来颇学为诗，而词反不敢问津。前月寄《怀吾弟》之一一律，海内二三名家颇传诵，以为佳。兄诗近专学动荡隽远一派，想弟或不以为然耶。来片有“孟哥代笔书”一语，可谓奇极，孟哥并不在日本，何从为兄代笔？且兄致弟之书，亦何至倩人耶？兄三月以来，颇效曾文正，每月必学书二纸，宜弟之不复能认吾墨迹也。

雪厂想已入美，人如何，尚乞见告。内地事别详雪函，可视后妥寄去。兄真不欲作出山想，此亦聊徇师友之意而已。前寄上大人手谕，想已达。大人念弟殊切，弟必当即上一长禀，织缣故人亦不可不尝置怀抱，须知怨旷之情不以贤愚杀也。

《王荆公》已收到否？弟若欲得中国文学旧籍，希告我，尚当相寄。新凉中人顺时自爱，不一一。

专承

大安。

启超顿首。七月廿四日。

八、一九〇九年九月八日

仲弟鉴：

八月五日书，内附家书一，君勉书一，并收。前屡缄，属将学校课程寄上，为图官费之用，何久不见到耶？弟现在所学者共几门，兄亦欲知之也。

弟果渴思得国文书否？所欲者为何类，乞见告，兄尚能以此间所有者择寄。

顷每日与顺儿讲文，亦致有兴味也。昨日成一诗唱阿庄（幼女名，弟已知之否），寄上以发一噱。

敬承

兴居。

兄启超。重阳前一日。

弟两月前有一片来云"孺博代笔之书已到"云云，真可发笑。我寄第一书乃起稿后寄往上海，叫孟哥写好，再寄来付邮耶。吾近日每日必临右军二百字，已非吴下阿蒙矣。弟见我近函又谓何人代笔耶？

九、一九〇九年九月二十三日

《唐多令》二词，乃大佳。三次所寄，一次佳似一次，不能不令老夫生畏矣。惟嫌习见语尚多，虽佳，而若在何人集中曾见之者。若能更趋奇警刻入（意境求奇警，语句求刻入），期可渐希名家也。惟以秋霜满面，至可严惮之。老二乃日絮絮作儿女子语向人，岂不令人失笑耶。娴儿昨诘我以阿叔何故作此，我只得嗔之曰：《楚辞》美人、香草，汝叔之寄托深远矣。娴儿苦求索解，老夫无奈，只得又将时事一一附会，乃知古今来为《锦瑟》华采作郑笺者，大率类是也，一笑。兄近日贫彻骨，拂逆之事更叠迭不知所届，然心境之旷怡，乃过于前，不知学道有进耶？抑疲于忧患而不复觉为忧患也？

比月来因节家费，乃至德文教习亦不得不停，最为可惜。然方并力以着射利之书（中学国文教科也），无意中反使娴儿获大益，彼固甚愿乃翁之长食贫矣。吾近年觉词之趣味又不如诗，弟亦有意学此否耶？拉杂奉复，以当言面。

两浑。九月廿三。

一〇、一九〇九年

留学美国西北大学第二年级学生△△△谨禀：

为学费不继，援例恳请咨给津贴事：

窃生以菲材弱质，幼习国学，徒胶故见，窃念当此交通大开之世，非求新识于寰瀛，不足以效涓埃于祖国。乃以光绪二十九年自备资斧，负笈美洲。经在济仁市立中学校毕业后，以光绪三十二年，考入美国伊里奈省之芝加高大学为豫科生，三十四年升为正科生，专习政治经济科。宣统元年，转入同省之西北大学，为第二年级正科生。惟是生家本寒素，自留学迄今六年，所费太巨，家中借贷俱穷，势不能继续，势将中止。学屠龙于三年，敢云致用？亏为山于一篑，良用自伤。伏查学部新章，凡自费生考入外国著名大学私费不足者，得禀请量给津贴，而日本留学生凡考入官立大学者，且例得补官费，今生所入西北大学为伊里奈省公立，程度颇高，揆诸部章似尚符合，为此沥陈下情，具禀宪鉴，伏乞咨照学部，循例给以津贴。俾得安心就学，免废半途，实为德便，为此邮禀（粘附履历）钦宪大人台鉴施行。

宣统元年　月　日禀

其红字红点乃别抄副本，呈学部时所改也。弟所用但照原文，便今。

梁次荪，广东省新会县人，年三十一岁，光绪三十四年即西历一千九百零八年考入美国伊里奈省芝加高大学政治经济科正科生，宣统元年即西历一千九百零九年转入同省西北大学同科，第二年级正科生。

一一、一九一〇年四月二十日

仲弟鉴：

今年诚未有一书与弟，无怪弟之觖望。兄诚忙，然不能以忙自解，纯是疏懒之咎而已。弟之寿词倒果为因，而兄所许弟者，正不知能复践诺责，盖人春以后，实万难更有余力及此也。

《国风报》现销四千内外，然收款甚难，衣食之困仍不减于昔，惟负债四千已还其半，稍苏息耳。今寄美金百元与弟，有得当续寄也。

家事、党事、国事无不令人气尽，启业又逃走，不知去向。大人缘此生病两次，未知轻重何如。庇能米复被封，南佛日忧槁饿，北京政局更不可问。一言蔽之，则视牝朝之腐败更甚数倍而已。大约此数月内，萧墙之变必作，而各省一切物价腾踊如沸，举国人民无所得食，殆皆饿死，大乱之起，决不能出两年以外，恐四万万人死去一半，然后新机局乃开耳。将来收拾残山剩水，责任终在我辈。此时沈几观变，强学待用，亦未始非福也，愿弟亦勿馁而已。

即请

学安。

兄启超顿首。四月二十日

锦椝有片来祝吾寿，殊不敢当，希为我谢之。仙洲尚在德否？极有欲知其消息，望有以告我。

一二、一九一〇年七月十三日

两月不得吾弟书矣，前曾寄金两次，距今已七十五日，不审达否？自闻绝粮，自侪佣保，心痛如割。思顺念叔尤甚，语辄涕零，岂弟有意报复我半年无书之罪耶？愿勿复恶作剧矣。数夕以来相思，辄感噩梦，愿弟必以一纸相慰也。因屡徙居，恐书不达，故托铭三转。一月以后，或兄忽然来与弟握手，亦未可知。第事太渺茫，姑作此幻想耳。

仲弟省览。

兄启超。七月十三日。

一三、一九一二年

即付叔问书，可知此怪事所关不小。弟或直见杨尹，或与张公权等商辨之法，吾因此亦暂不出游。

两浑。七早。

一四、一九一三年

《张迁》全通已写就，惟弟与廷灿竭两日之力布算，而所打格乃仅敷写十一条，尚余六格，可笑之至。亏我临时胡诌一篇短跋，否则只好曳白一纸矣。顺等廿四晚乃到，弟若守候，当急杀矣。三五日内入京，届时再报（护照事，灿已复耶）。

此上

仲弟。

超。廿七。

一五、一九一四年前

前书言顺儿姻事者亦已收阅，苟如是，是亦足矣。吾与汝嫂意已决，（吾有两妙语于此，曰：戴君主只求木偶，择女婿不要英雄。弟谓然否？若如我辈者，父母万不可有此子，妻妾万不可有此夫也。弟又谓何如？）亦曾禀命堂上，经以全权付吾夫妇。此子于数月前归南洋省亲，吾今方有事中原，须彼驱策，已电召之，不日将至，便欲行文定礼也。知念并告。（别函寄君勉，或令布各埠亦可也。彼极好学，能受我教，事事能助我。一日离我侧，则我不安。吾于群儿中偏爱顺儿独至，十年前已然，今乃益甚。此子实未甚足为耦，然度其可令顺儿终身无苦也，弟谓何如。）

一六、一九一五年三月四日

来书今日乃由荷庵交至，自闻蜕公之丧，恍恍若有所失。自伯姊物故后，刺激之剧，此其最矣。昨有挽诗八章寄孝觉、瘿公，弟已见否？未见可索观之。此间闻变，即向中国银行借五百电去，今弟手复电二百治丧，绰有余裕矣。思顺来书言电去一百，不知即弟书所指否？抑又别电耶？意欲集一二千金，除治丧外，更抚其孤。秉三函来言送二百，兄已属交，弟收之后，即存之可也。伯唐、松坡皆当有赠，后事非俟公立书来不能确定也。吾拟归家过生日。并闻。

此致

仲弟。

启超。四日。

一七、约一九一五年

《庸言》旧定单已告阿林检出否？中华频相促也。擎一事已函伯初及松坡，想得一当耶。

仲弟。

启超。

一八、约一九一五年

书悉，今日此间例战之期，群客在坐，未能属笔。但吾以为兹事殊可不汲汲，今日谁能免于赏饭吃耶？彼若有意裁则待其裁，何为不可。俟更询蹇、汤意见，乃复。

仲弟。

启超。

一九、约一九一五年

昨书悉，蹇、汤力言请裁，缺之不可，实断无此办法也。弟呈宜勿上，若欲南游，得间辞职可耳（俟吾到京一商）。仲弟。

超。顿首。

二〇、约一九一五年

来书所言，觉顿、季常皆大不谓然，谓断无此办法。自请辞职则可，请裁缺则不可，人将谓借此出风头，否则亦谓借以探口气也。此等地位不能久居，诚在意中，只有听彼摆布而已。此论兄甚同意，弟前议可置之。

此致

仲弟。

启超。

二一、约一九一五年

两书悉。桂电吾能解，盖言战必胜，桂电合销万部也。擎一事,已函伯初,更当函松坡。

此复

仲弟。

启超。

二二、约一九一五年

今日擎一行后,旋得秉均书,若得当则不必他求矣。伯唐书已悉,日内当更与仲仙接洽。今日黄雾又四塞,使人僭惕,心绪殊恶也。交涉事所闻如何?吾乃极悲观,不自知何故。

仲弟。

启超。

三三、约一九一五年

前后得三书,未报为歉。荷至悉一切,吾之踔厉,宜弟深虑,当力自节制耳。北山处(仅见两面)殆同告绝近,想恨入骨矣,只得听之。大人已四书劝游港,且汇五百往。惟迄未得复示,甚悬悬也。

仲弟。

知名。廿一日。

二四、约一九一六年四月二十九日

典虞廿九日开丧，宜送一幛一联，幛出吾两人名，联则专出吾名。托隽盦代撰代书，请即办。秉三处要求必送礼，当并列弟名耳。

仲弟左右。

冰。

二五、一九一六年五月八日

仲弟鉴：

兄以粤局关系重要，袁逆方以全力相图，不宜更生内讧，且四乡秩序，亦须速谋规复。故孑身来城，小住数日，明晨即返肇庆。数日后更经港往沪，初时本欲极求秘密，但外间既已周知，恐大人不免忧虑，特此驰告。余事询棠村便悉。

兄超。五月八日。

二六、一九一六年五月十六日

海珠之惨，百身何赎。粤事自此，益无着手处。大军顷进据三水，开严重谈判，终欲以口舌屈之，免此涂炭耳。吾今在肇，东下期未定，总须俟谈判结果如何，来否盖未可知耳。哀痛之极，便欲逃世，或非久遂在沪相见也。

仲弟。

冰。十六。

吾一切自重，望禀老人千万安心。

二七、一九一六年五月

吾十八日内(但日期务请极秘)即往沪，欲觅旧厨子老吴带往，又并带廷灿去可，而令在港预备相候。

仲弟。

冰。

二八、约一九一六年

娇客十六晚车由沪动身，计十八下午或三点或六点必到，弟(最迟)宜以其日早车来，或并约观察作陪尤佳。并告梦芸。

此上

仲弟。

超。十六。

二九、一九一六年十月二十日

昨晨抵港，即日叩谒殡宫。去春音容梦寐如见，今惟抚棺永恸，悠悠苍天，曷其有极。前用广东漆极粗率，今拟刮去，改用闽漆，垫以瓷灰（明日动工），大约三个月乃能竣工。拟监督漆三次乃行，惜山庄太远，只能间日一诣耳。建猷兄已来，细婆明后日亦当至。家人之意，咸不以合葬为然。卜地既甚难，且堪舆术又非所习，吾意欲在小东门外（息鞭亭附近）购一爽垲之小丘，就造坟园，略仿西式，以塞门德土建冢。祖父现尚权厝，未永奉安，即移奠一园中，使魂魄永相依，或亦先人遗志，弟谓何如？此议棠村最赞成，现已托往相地矣。吾日内当不免往省一行（拟俟瓷灰上后，加第一次漆时偷空上省数日）。但朱、陆异同，日益剧烈，吾实视此为畏途也。来仅二日，客已沓至，大率什九皆求事者。天生吾辈，似以替人谋饭碗为唯一义务，冤哉，冤哉！非为大事在躬，此地殆不能一日居也。德猷事已了，无甚问题，而彼有余款存公安者，又生波折，人情诪张，真可畏也。吾于中国客之外，尚不能不充外国官场。明日须往拜港督，又须拜日领，可厌之至。朱、陆又各来诉冤苦，责我调停裁判，直是毫无办法。欲耳根清净，除非去国耳。心绪万劣，辄报一二，余续陈。

此问

仲弟。儿曹同读。

饮冰。十月二十日。

三〇、一九一六年

前函八纸可登报，俾亲朋及国人得知我在外情状，题目即标“△△△先生家书”，由弟自加小序数语可也。新得子拟命名思均，何如？

仲弟再鉴。

启超。

三一、一九一六年

今日大权来，乃知德猷亏空银行六七万（东初恐亦有染），真死有余辜（大人积累千余，尽被花去，此不用说了）。现在直是无办法，只得听之。然牵累恐无已也。弟在行，亦复无颜面，可恨可恨！自今以往，真不敢妄引乡下一人矣。吾本拟日间北行，因两造决斗，风云正急，只得罢议。或往港一视灵柩耳。

两浑。

三二、一九一六年

仲弟鉴：

在粤月余，竟未一见吾弟，殊可怜也。顷已抵沪，时局锐变，非久当成一段落。吾侪亦可藉此卸肩，不复作此烦恼艰险之生活矣。顷住所尚未定，或尚须一诣他处，然总暂以沪为营窟也。弟能一来亦大佳（欲觅二三人专司守夜者，乡间能得其人否？朴愿而有膂力者即合格）。老人心境近如何？希见告。

此问

侍祺。

名心叩。廿三。

三三、约一九一六年

书悉。百里处已函松坡，若果贤惠，吾竭诚为弟祷其必成也。达诠所言云何，能详述一二否？唐家姻事，吾颇属意，若见孝觉，可再细问一切，取进止。

两浑。十六夕。

三四、一九一七年

书悉。弟前交来之纸有联三副，皆无款识。日来临阁帖即以用去，究竟谁氏之纸，希即查告，当别补耳。此外尚有它纸未写者耶？乞并查。代支款待帖装成再算还。比写阁帖如有所得，弟视此笺何如？

仲弟左右。

制。超。

三五、一九一七年

得顺儿书，称弟病颇剧，乃至两日水米不进。忧骇何极！比复何如？医不可缓，切勿自恃，弟体素非壮实也。棠村寄来纸，迄未见，当再查。

仲弟鉴。

三六、一九一七年

制中断不能预庆事，届时别以函述意可也。

仲弟。

超。

三七、一九一七年

先人生忌在迩，宜修祭，届时可挈思顺归来。吾日来沉醉阁帖耳，他无所事。

仲弟。

超。

三八、一九一七年

书悉。支票(若须签名盖印等等不便,则寄来亦可)可在京往取。尚有应还公立买碑帖款约二百余,请即付,数目已忘却,可先交二百,即属公立函询曼宣可也。日来除写字、斗叶外更无所事,时事只可傍观,亦不必太着急也。

两浑。

三九、一九一七年

晤仲恕时,请询其与公府收支处人有交否?能属其将前月津贴交弟处最妙,若不便,则置之可耳。翰文斋碑帖请将有点者代购。

两浑。

四〇、一九一七年

公立来书告急,吾于孺博犹未尽情,宜常周之,可致二百元。刚父想甚困,亦致二百元。尚有应倾助者否?请弟酌之。深念擎一也。致仍珠书可往取,所余即存弟处。

敬上

仲弟。

冰,三十日。

四一、约一九一七年

松寿事饬司查后,所言如是,可属其子具呈。

此致

仲弟。

四二、约一九一七年

支票二纸奉呈,望告少垣,即汇津。又,公府收支处前月津贴曾否送弟处?乞复。

仲弟鉴。

冰。七日。

中银股份收条望向公权索取。

四三、一九一八年七八月间

得棠村书,叔华未归,由美寄家书请延期,然则无复问题矣。吾为群童讲演已月余,颇有对牛弹琴之感。尚余一来复,学术源流(吾所讲却与南海有不同)卒业矣。来复二将讲“前清一代学术”,弟盍来一听,当有趣味也。

两浑。来复六夕。

四四、约一九一八年八月十二日

日医今日来诊，兴会飙举，谓病全由此六日内锐退，前此与病苦斗，勉强支持而已。其所谓肋膜中积水，六日前实未尝少退也，言外极自诩其治效之神。此公将终身以此为得意之作，而不复自知矣。天下事之可笑，毋乃多类此。写博吾弟一噱耳。

两浑。十二日。

思衡日佳，此后总以不许食杂物为第一义。

四五、约一九一八年八月二十六日

示悉，十金一斤之旧墨，不买何待？请为我致五十斤内外可耳。本月津贴当尚有发，届时留弟处备支用。二马远征，已闻之，他无顾虑，惟改岁后火神庙之游，恐不能遂，奈何。日来校碑，沉湎已极，可笑。

仲弟安善。

超。廿六日。

四六、约一九一八年九月三日

思顺十三日首涂，双十节清华群童归来送行，弟届时亦能来否？

仲弟鉴。

超。三日。

四七、约一九一八年九月十五日

叔通、希陶两书呈阅，弟宜覆之。病可谓已全愈，但山行却未可，现仍未下楼也。每日读书颇多，心境殊畅适，勿念。

敬上

仲弟。

启超。十五日。

四八、约一九一八年九月二十三日

天如昨复来相视，更服两剂，便可止药，自由完全起复矣。日来上午读《庄》《列》（《列子》已批注一过），下午读香山诗，殊与病躯相适，诗兴渐发，或遂有所造也。

两浑。廿三。

四九、约一九一八年九月二十四日

书悉。廷灿秋节假归。陈述各情，思别为安顿。乃函周髯设法，髯复书言彼中苦寒，可勿往，畀以名誉文牍职，月三十元（本以此数予之），拟以十二元畀灿，以十八元畀伟，灿仍留塘沽学艺，似甚妥。韵珂奁仪既不能却，可用三妹名义存入银行（存一年半定期）。天如前日复来诊视，今日便止药，除著书、饮酒两事外，一切皆复我自由。午间将出门与季常同饭也。

敬复

仲弟。

超。廿四日。

五〇、约一九一八年九月二十五日

书悉。款收。谭广识何忽奄逝？何病致此？甚可悼惜也。今日《津报》载志先被逮，说然耶？否耶？

敬问

仲弟。

超。廿五。

五一、约一九一八年九月三十日

书悉。不楼居已三日，似已告弟，竟未耶。顷决意仍暂辍著述，一月后乃图赓续。每日常课，晨七时起，负曝于思顺书房中，即以其时诵《楞严》《圆觉》两经（欲使成诵），九时写经（《圆觉》），十一时读《孟子》（加眉批），一时半午睡，三时读《唯识论述记》，五时静坐，六时读苏诗，晚游竹林，游讫，静坐中间，常散步庭中，习深呼吸，所谓体操者，即此耳。下楼以前，尝批《列子》一部，圈点白香山诗一部，此外仍常有笔记，似此事业亦不为鲜矣。弟何时能一来耶？

两浑。三十日。

五二、约一九一八年十月八日

昨有一书托胡石青带上，乃由弟面交吴世缃，领取国务院藏书者，其情节已面告擎一，现在进行何如？若交涉办妥后，可由弟与擎一亲往点收。收得后即运天津，待由此间再一检点，乃寄沪也。弟久有志译占士心理学，何不即着手预备，作终身一大业耶(有人读与否不必问)。

两浑。八日。

五三、约一九一八年十月十三日

书悉。铭三事当即致书陆闰生。顷欲带廷伟往法，令其且工且学，弟又谓如何？有人从陇上寄来唐人写经四卷，以一卷赠弟，由藻玉堂老王带上，已收否？

仲弟鉴。

超。十三日。

梁启超54岁时留影

五四、约一九一八年十月十八日

思静居然复生(其病全有日医耽搁,大前晚来诊,言无伤。前晨仍言无伤,午后自察其甚重,再急召诊,则云甚重,恐难救),是大奇事。昨午已为备一切后事矣。医法乃割断其气管(割气管时,已失知觉,并未用麻药,而不感苦痛),以机械接气,而涤其肺胃,殊足咋舌也。顷大致可必无碍,惟元气当益伤矣。家人除老夫外，无一不传染（启雄、廷伟、王姨亦无恙）。楼上病人鱼贯眠也。吾道力坚定，决不为群魔所扰，惟欲求耳根清净，终以避地为宜。一来复后拟必行，但所适尚未定耳。《圆觉》已写成，明日托溥泉带往装潢。《列子》批本乞速向君劢索还。款已收。

敬复

仲弟。

启超。十八日。

五五、约一九一八年十月二十三日

书悉。平和会吾决不加入，已别作一文，明日当见《国民公报》。此事谢绝后，或不复避地也。季常明晨当到。并闻。

仲弟鉴。

超。廿三。

五六、约一九一八年十二月十二日

观察带来各物及昨寄支票均已收，顷欲得《南海游记》全份备参考，请询澄一、公立诸君代为搜集。弟何日来耶？

仲弟鉴。

启超。十二日。

五七、一九一八年底

书悉。罗安既如此，依弟书作罢便了。昨函振飞交弟八百元，可以五百还公权，余三百留支杂项（如闻光阁各项）。又前交鼎甫五百，本为二人治装分用，罗既不行，则以三百予鼎甫，余二百请交公立，为我赠孺博遗孤今年家费。又尊处存有《海关通志》两册，请即邮来。

两浑。

五八、一九一八年

□泉来，知所苦已大损，想遂复元耶。刚父贫甚，闻几不能举火，可取百元并书送去。

敬上

仲弟。

启超。廿八。

五九、一九一八年

由铭三托杨千里刻石印，润笔四十六元，请代交去。又印昆代买金石拓本一百六十二元，请并交。

仲弟鉴。

饮冰。

胡信写去，又有邓慕鲁来求作书，可并交之，余不尽。

六〇、一九一八年

欲得银朱数方，请属溥泉觅购佳者。如有五色墨，亦不妨更购一份。又请定制五紫五羊、三紫七羊笔各五枝。

仲弟鉴。

启超。三十日。

六一、一九一八年

书悉。可为好营宫室者戒，乃兄一年后或亦尔尔。伯荃来谭甚久，诸事略有结束，待彼南归后何如耳？吾颇劝其将新房设在我家，纯为彼家节省起见。彼行后细思，此或非彼家所欲。弟与言时，可勿坚持此说，实则届时在客寓中（如大同公寓之类）租一院落（京中客寓多有别院），所费亦有限，增置家具亦不过百数十金耳。吾再入都，实欲住吾弟之大厦（北京饭店极可厌）。且家人全来无住所，亦大不便（新人入京时须别住，实亦不便），不如将新房作为办事房也。弟见彼时，可径以此意告之，免谓吾家强人入赘也。

仲弟。

潜夫颇醉。不记何事何日。

六二、一九一八年

弟前夕之言字字有味也，吾盛怒不省，昨已释然。即令顺儿相闻，想已达。今日复属稿十一叶（得意之极，恨弟不即读），弟可知其泰适矣。

溥泉诸拓，细审数过，“仙妃”最佳，“房元龄”次之，余亦不恶。内八种已有者，且较传本为优，不复留。其余交上发裱（“仙妃”精裱，余可稍粗），若可裱册页，总以册页为适，其不能者乃裱翠张，乞与溥商。“房玄龄”无须复裱，便留此耳。

两日来果来客麕至，不能谢绝，费我黄金时刻不少，然吾道力至坚，魔亦弗能扰也（外国魔亦不少）。粤中两书来，述李家意欲在港办喜事，吾总望迟两年，若实不能，则亦决在港，此间现时局面自不宜也。惟果尔，则弟须送亲耳。裱成诸件即交来，五色墨需之甚急（碑额交来一阅，当为弟题之）。仲弟鉴。

潜夫，廿六。

六三、一九一八年

玉衡在印刷局供职，地似甚远，恐不能在弟处同居，若稍可者，弟宜留之，亦亲亲之道也。三妹喜事决在粤办，弟谓何如？

今日自劳,固宜大醉,大醉后补写此,弟得此书后宜一醉贺我。

三日十一时,又泐。

六四、一九一八年

棠村、仲麟书寄上。吾廿一日本拟来,因含沙射影且多,只得在家致心敬而已。一月来为儿曹讲“学术流别”,思顺所记讲义已褒然成巨帙(《史稿》仅续成八十余叶耳),惜能领解者少耳。疾已愈,勿念。

两浑,十八日。

六五、一九一八年

书悉,前日因自劳而过醉,翌日乃病酒,自此且思节饮矣。

两日来未属稿,缘搜集资料而整齐之,非数日之功不可,大抵每卷皆如是也。而《战国》尤艰,《国策》之颠倒纰缪不可究诘(《秦策》开卷苏秦、张仪两篇,所言皆仪、秦以后事,他可推)。《史记》亦矛盾漏略百出,每读使人疾首,恐此卷非旬日可就也。稿在都钞殊不便,因随时校改者甚多,且须触得即改,稍纵逝矣(第一卷应改者甚多,或须全篇别构也)。今仍令思顺、廷伟任此,或钞成一通后更在京录副耳。

魔已不侵,勿更念。公府款不至,听之可耳,卖鱼人尚何足挂齿。

两浑,六日。

吾欲购两书而羞出诸口,其书维何?曰《策学备纂》《策府统宗》也,虽兔园之册,然省日力多矣。弟试为我求之,恐政不易得耳。

六六、一九一八年

书悉。孝觉凶问,昨晨瘿公书来已报,世法无常,我佛不我欺也。死者解脱,生者难为怀耳。不审其家景况如何,妻子可免冻馁否?瘿当略知耶?可询之。旅葬若有需,我当任也。

为群儿讲"学术流别",三日后当了,更拟为讲《孟子》(非随文解释,讲义略同学案也)。彼辈如何能解,不过予以一模糊之印象,数年以后,或缘心理再显之作用,稍有会耳。吾每日既分一半光阴与彼辈,亦致可惜,弟能来听极善,但讲《孟子》亦总须两旬乃了,弟安能久住耶?(曼宣有书画等托孝觉带来,若沪上有人来,能了此,亦佳。请告瘿。)

两浑。二日。

六七、一九一八年

闻有多人欲来寿我,皇恐无似,方在忧中,万万不能宴客,且昨今忽病，已禁食两日矣。惫殊甚（因连夜失眠，宿食积胃，觅消化药服之，转似更剧，小饮啖即欲呕，作此书未满五行，呕已二次）。望普告诸君，切勿枉过，若必来者，吾惟有入医院相避耳。顷已命阍者廿五、廿六两日不为客通（知有谁欲来者，必恳告之）。望速徧达，毋使开罪也。

仲弟鉴。

潜夫（新以此自号）。

服日人药，大不妙，可怪，已止药矣。

六八、一九一八年

溥泉两次所购之碑，今分别付裱（内退还三种，皆已复者）。所谓册裱者，即前与溥泉面言之式样也，所谓衬纸折裱者，整张衬一厚折折叠之，叠成后，加一签备标题也，挂轴裱者，备悬挂也。别有旧藏诸品，一并付裱，其应特别裱法者皆批明，未批者则皆册裱也。若内有不便册裱者，改折裱便是。可告溥泉将纸数细点一过，乃交裱匠，免失落也。

此致

仲弟。

潜夫。廿八日。

六九、一九一八年

书悉。叔问词稿,请付精装,所需两事,得便当带去。吾今日已开始作《志略》,弟再来时,眼福更当逾前也。

两浑。九日。

屏甫事,顷翊云复书,云即当办,翊方辞职,彼在职中,当了此也。钧衡所在地为吉为黑,已不记,若吉当为一言,黑则不愿闻矣。伯荃托写字已成数幅,日内当清此债。

冰又言。

七〇、一九一八年

示悉。为吾别赠一联,托舅广完全捉刀可也。

仲弟。

冰。

无名氏已有名,曰"思聪",仲麟兄所命也。小舅舅拟命名曰"思贤"。

七一、一九一八年

得书欢跃,当告先灵,专复相贺。

此上

仲弟。

超。即刻。

七二、一九一八年

《策学备纂》(《统宗》亦勿买),顷在故书堆中竟得一部,可勿再购。购《韫山集》于名誉无伤,此则太可耻矣。

两浑。

七三、一九一八年

书悉。松华斋来,可付以百元。五月六日,母亲忌日,弟来否?归后所成至少,入京数日,心遂放(亦因季常在此),可畏也。顷已敛矣。

敬复

仲弟。

超。

伯荃处有复音否?

七四、一九一八年

李禄带返各件点收,不误。溥泉代购墨及拓片皆可留,双钩三册,宜用精裱,且制绸套,乞告溥。

两浑。廿一日。

七五、一九一八年

玉衡来，可在弟处暂住，再作道理。

仲弟鉴。

潜。

七六、一九一八年

溥泉不必客气，公估其值，否则吾甚难处也。调印泥之簪记代致。本月公府津贴收到后暂留弟处，应支各款，暂现支之（《左传》想已开卷耶）。

潜夫。

七七、一九一八年

昨函，言溥泉诸碑者有误，另包言退还八种，实七种耳。内“房彦谦”一种（厚册者是）既溥所代购，无退理，但加两夹板乃可。又，已留此间无须重裱者，除“房玄龄”外，尚有“张迁”也。诸碑请（中缺）两书悉，前因姚一鄂怂恿以拼命忍痛四字相聒，忽有此豪举，今不复尔矣。日来仍每晨六时必起，前两日能日成三千余言，近因所著之篇（《春秋》）头绪太复，昨今所成殊少也。

五色墨望速致，颇需此也。

两浑。十七日。

七八、一九一八年

瘿来书，言文叔问手写词册交至弟处，望即交鉴古为绝精之装潢（衬纸数页备题跋）。瘿并未携艳而来，亦匪我思存也。

两浑。八日。

《战国纪政》三部，今日当可毕业，弟又当浮白也。

七九、一九一八年

吾昨书似云购（墨）四五十斤，是否？即为子孙计，亦无须尔尔。“十”字乃衍文耳。默庵实无他作用，然亦别有所谓，晤时再言也。思顺比何如，岂怀中乃老聃耶。

敬上

仲弟。

超。

今日发愤检理藏书，稍肃清矣。

八〇、一九一八年

前夕醉后，尚病酒一日，殊狼狈。默庵忽复来，且刻苦学官话，亦一段奇事。两日来校碑益勤，昨夜竟几达旦也。

仲弟。

超。廿五。

思顺久未免身，何耶？

八一、一九一八年

书悉。千元久收，殆偶忘作复耳。董、王书已寄公立处。哲庵处必作佳札，惟非俟睹此尤物后不能着笔也。

仲弟鉴。

超。

八二、一九一八年

得观翁书，知彼已到京，稍慰。顷已为彼别谋位置，惟须半月后方能确定。财部咨文可缓办，不争此数日也。吾意欲彼来津同居，为我点检书籍，钞写文件，吾设法为彼谋百元内外之干修，当必可得，为彼计，省得自行开囊，亦较得也。回法部亦太无味矣。吾前屡促彼返，谓可为设法者实在此，惜彼久蹉跎不来，故今闻其确来之信，始为谋耳，望即将此意转达。

两浑。九日。

八三、一九一八年

有寿诗一首，裱成送与梁众异者，望于明晚必送去。擎一书请代交。久不得弟书，顷何作为耶。

两浑。

敷广见赠《兰亭》可交书贾（鉴古旧伴）带来，当别函彼来取也。

又顿首。

八四、一九一八年

殿书，可属其下午（四点后）到部，当一见之。彼来时并非拒绝，奈皆值不在家，则无如何耳。保险公司总董不便担任，宪广现在公府尚有津贴，可请少安。海关调亦不易，督军老爷们纷纷荐人，纷纷挡驾也。

此复

仲弟。

冰。

八五、一九一八年

书悉。《广雅丛书》鉴古堂所有者，开一目录来，似甚备，索值八十元(大约照其价单八折便得),弟所见者,若种数多于此而廉于此,则请告鉴古勿送来,别购彼本,若略相当,则乃留鉴古者可耳。溥泉书之有言,何君代觅三段碑,得葛姓者一本,是葛德三否?吾曾见彼家一本,拓不甚佳也,顷方托在粤觅,觅不得当再商耳。曾见葛家有于字未损本《礼器》,拓极精,惟索直昂,不敢问津。何君若与葛有旧,不妨一问之,勿言我求也。棠村处当电曼宣代制祭幛。《船山遗书》可购之,家中无有也。

两浑。

八六、一九一八年

欲得马氏《绎史》《读史方舆纪要》《汉魏丛书》三书,请代购。迟日汝嫂归时,交仆人带还。又溥泉代装诸碑,若装就,以其时带还最善。

两浑。廿一日。

八七、一九一八年

欲购《玉函山房辑佚书》一部,请代致。

冰言。

八八、一九一八年

因包房曲折，遂不来，实则行意本不坚耳。制碱公司章程再寄上数本，可约李伯荃来一谭，请其寄彼尊甫商之。

此致

仲策。

冰。六日。

八九、一九一八年

书悉。墨单圈出，以意为之而已。悦古发笺随意购数张可也，不知大小，无从悬断。溥泉来必见，尚有事托彼也。

仲弟鉴。

冰。廿九。

梁启超书扇面

九〇、一九一八年

溥泉代购碑数张，除《大兴国寺》《李琮》两种已有，今退还外（迟日由李福带上），余悉留下，请代付值。

此致

仲弟。

冰。二十日。

九一、一九一八年

望告溥泉，有旧宣纸及高丽纸，乞随时物色代致，日来耆欲程度愈趋愈高，恐非以此荡产焉而不止也。

敬上

仲弟。

冰。十四日。

九二、约一九一八年

醱粥三日，所患已去，勿念。弟何日来耶？

仲弟。

潜夫。三日。

九三、一九一九年二月二十一日

海行恰一月有半,舟今在伦敦港外三十里,顷刻登陆矣。中间惟大西洋遇风三日,吾健饭如故也。舟中百无睹闻,觉飘飘有出尘想,登陆后无复此乐矣。岱杉曾言,在盐署为筹万金,可托秉三促之,收到后即存弟处,待我有电乃汇来,别有厚生应交大达公司红利,亦托交弟处,收到后即寄往津,充家费可也。舟中得诗十数章,别纸录呈,可以见行人情绪,各报如欲登者,可抄给之。

仲弟鉴。

启超。二月十一日横滨丸舟中。

九四、一九一九年十二月六日

本拟半年后乃归,因振飞事忽变计,一切询子楷便悉。顷计行程或可在津度(可遣仆来沪相迎)正月廿六也。颇盼弟将新居为我布置周洽,俾一归便得享用,两月来生活完全恢复须磨旧状,读书著述固多,然昼夜又已易位矣。相见不远,不复缕缕。此书到后,弟尚可得我一二十邮片也。

仲弟。

任公。十二月六日。

九五、一九二〇年六月十五日

汇上讲学社款二千，请察收。尚有尚志学会一千，可催翊云交来。娇客计程明后日必到，弟盍以明日来耶。

两浑。十五。

九六、约一九二〇年六月十六日

昨寄（展览券弟来时可带返，俾别设法）社款二千，想达。今日复收到商务印书馆五千，现存兄处，请先发下收条，俾转寄，此款殆可暂不动用，欲以生息，请商季常、百里应投诸何处（元年公债似不妥，其他须商）。曜东书可亲往索取。

两浑。

九七、一九二一年三月二十九日

顷启雄来，言五月二十日正各人考试之期（启雄于十九日考完），三妹亦正考试未毕，四妹亦然，计思成等亦都在考试中，最好请改迟一星期云云。可即向伯荃商，速发一电往问，若能改最善，否则各孩子皆不能参与盛典，殊扫兴也。各帖请俟电复后乃发。又海军联欢社各司令不知已出京否？可再打听。若实不能借，则江西馆亦可也。

两浑。廿九。

九八、一九二一年五月二十六日

想已从汤山返耶，比所患何似？能全愈不？可告伯荃，能催叔华早日来为妙，因我家亦要送彼礼服也，并可问彼要西服抑要国服，我家礼服即由我做，开单（或不送礼服，改送常服数套亦可）交彼便是。并问伯荃彼家预备此次喜事，约共费若干，俾可从各方面通盘筹画。彼云欲送饼单等物，殊可不必，徒费而无用也。伴娘除镜芙女公子外，思和、阿时皆可。棠郇似不能来，若尔，则请孝高何如？（平甫当然居其一）慕韩证婚已面请，得其允许。日内可发一全帖往请，由两家主婚出名可也。同乡熟人中有欲送礼者，可微示意，最好若干人合送些新房陈设品之类，万不可多费，但求见意足矣。又最好各家送礼互相知照，免重复无用。此可告藻孙、鲁庵等通知各方面。

两浑。廿六。

九九、一九二一年

书悉。各事（证婚人请帖想已发耶）一切照办，余由观察面述及启雄函详，现存弟处之款即拨出五百元为在京办各事之用（现时如受礼敬使之用，如零星添买各物用，先拨若干交彼等手，

随支随记账),可委解俊或鸿材等,常川一人在宅料理,吾家应备酒席,每日按排者略如下:

一、送妆日两席:请证婚人及大媒,可在水榭等地方。

一、结婚之前晚一席:为姑小姐践行。

一、结婚日一席:新郎亲迎时请之,此席不过仪式上,实在不吃也,菜照例便得。

一、回门兼会亲,三席或四席。

以上酒席或先定妥尤妙。汝嫂约廿二三来,我约廿五亲送姑小姐来。

两浑。

李家十一嫂丧礼请送一幛,另送奠敬廿元(似是阴历廿一,请电问藻孙)。

一〇〇、约一九二一年

请帖已印就否?三妹因中途退学,恐该校有麻烦,拟为彼命一字(琬宜)何如?帖中即以其字行。若未印,请照办。日期已近,发帖似不容迟矣。送新郎礼物有笔墨各两匣,请在琉璃厂办,须有匣装潢也。又叔华有庶母几人?彼系嫡出抑庶出?可询伯荃,俾得预备贽礼。棠郇来电,改期七日乃行,想明后日可到也。

一〇一、约一九二一年

李家又延婚期，此固甚佳，但衣服等皆已置备，两年后恐不复今日耳。弟心绪似不甚佳，然耶？文卿书乞饬送去，因不审其居址也。

仲弟鉴。

超。廿三。

一〇二、约一九二一年

书悉。思衡何故如此，顷服何人药耶？棠郛已有书来，言喜事决在北办。李家长亲不来，独棠挈叔华来耳。廿一日为循若周忌祭，是日所费可由我担任，望告季常（季经办也），即由弟处支取可也。吾顷感冒发热，颇狼狈。

此上

仲弟。

超。十四。

一〇三、约一九二一年

思衡病已愈否？合家皆甚念也。检所藏书画三事，用贺弟新居。若尚需者，弟自来检可耳。画一轴不审佳否，请询诸鉴藏家，若果佳，仍思索回，以他为易，此间画盖至希也。

敬上

仲弟。

潜夫。六日。

一〇四、约一九二一年

墨床、笔架二事已觅得未？能得稍大者尤佳，笔洗尤思得一极精者。昨有票托公权转售现款，售得即交弟处，数目如干再报来。

仲弟鉴。

超。廿三。

一〇五、约一九二一年

棠郚书今午由思顺寄上，想达。既尔尔，则只得听其蜜月后高唱新婚别。惟仍欲在此办理，今更致伯荃一书，请与商（弟谓无谓否）。若不能，则弟预备送亲旅行可耳。本月公府费若到，请还公权（此次所借者）京钞二百元，余暂存，不购公债矣。颇闻公债非甚有利也。

两浑。廿九日。

一〇六、约一九二一年

所存款请交曹五带回四百元，余存弟处，随时支零用。前月所购公债似无甚利益，拟托公权仍售出，易取现款，请酌办。

两浑。

一〇七、约一九二一年

卖字议可即作罢，此间老段发起，即席得十万以上，究竟军阀阔也。叔华印刷局公事已到否？同时得两事可称意外之获，虽未必能久，亦慰情聊胜无。一昨曾在此之叔华言，若交通有所得，请其分出若干畀玉衡及廷灿，因此三人同为我所应负之责任，我不便以三人之名分头觅事，随便用一人名耳。计印局、交部两处所得应在四百以上，则分出百元，衡、灿各半，最为平允。若将来有变动，则停止可耳。此意请告三妹夫妇。

敬复

仲弟。

超。七日。

岱杉复书，于房事一字不提，听之可耳。

一〇八、一九二二年二月十五日

两日来所闻燕孙举动，煞是可人，想弟亦有闻耶，惟大变恐亦在即，天津将为大活动场，吾非避地不可（昨今两日来客已不断），否则又卷入漩涡矣。观察事已有一处回信，月七十元，尚有一处，数亦略同，必可得当也。

两浑。十五。

一〇九、一九二二年七月二十五日

公府庶务司来书及复书寄上，请即往收，并继续办理。收得后请送天如百元，余四百汇来备南行旅费，以下收到即暂存弟处。

此上

仲弟。

超。廿五夕。

庄大略已愈，一星期内可出院，惟达达体极弱，尚屡病。

一一〇、一九二二年十一月二十五日

得弟一书后，迄未有续报，想大事已竣，无他故障耶。家事处分何如？弟何日北归？弟行后次日，我婴疾数日，顷已全愈。

阳历正月半必归津，知念，特闻。

此上。

二弟。

超。廿五日。

一一一、一九二四年三月十四日

属曹武带上百元，为随时代支之用，希哲调加拿大，想已知。思顺来电云，月杪归省，非久当至也。昨周养庵（彼言扇面未收）来言在卧佛寺附近看得坟地五处，请弟与彼约一时日先往一看。认为可用者，或径下些定钱。将来我一自看乃购可耳。近来拼命写隶书，成绩盈簏。弟若不要，被人劫尽矣（阿时、思和已拐得不少，廷灿更不用说）。

此上

仲弟。

启超。十四日。

一一二、一九二四年四月十九日

收条一纸，请盖社章后寄与振飞转交前途。其款请弟与百里、志摩算账，振飞函附阅。

此上

仲弟。

超。十九。

廿二日,我带许多孩子来吃面,独有阿庄庄要求你迟两天出世,你问思顺便悉。

梁启超与思永、思达

一一三、一九二四年十二月三日

醵资刻瘿公遗诗，吾任百元，款由幼伟汇存，希即交去。

此上

仲弟。

超。十二月三日。

汪莘叔耕《方壶词》，佳绝！不可不读。词在《彊村丛书》中。

超又顿首。

一一四、约一九二四年十二月十三日

祭文撰成，请即属敷堪写一通（用四幅行书便得）并裱好张挂之（备来祭者观览）。弟别写一通，备祭时宣诵何如？

此致

仲弟。

兄。十三日夜分。

一一五、约一九二四年底

阁帖景本一套，请饬送伯唐。弟亦有一本，但未题。将来到津自携可耳。篆隶各一小幅寄上，近颇感非用力于篆，则隶不能工。三日来日必课篆矣。思顺大约灯节前后可到。现京津车如此挤拥,弟新年可勿来,待顺到时作一团聚可耳。字不患抢尽,日有新制,数日便复盈簏矣。孩子们不惟不出润笔,反要替他们代裱,一月来裱工已去十余金,可笑之至。

此复

仲弟。

超。

单已收,笔未送到,明日当饬往李家索取。

一一六、约一九二四年底

上海船车两绝(船无舱位),思顺辈久困彼间,昨始来电,十七日搭福建丸经青岛来,大约阴历二十九乃能到。谨闻。

此上

仲策。

超。十四。

一一七、约一九二四年底

此次新定造之笔,内有大屏笔,仅造一枝者(大而短,极笨者)。顷试用佳极,欲再照造四枝,请告戴月轩。

敬上

仲弟。

超。廿九。

一一八、一九二四年底

书悉。吾隶乃得此于朋友,受宠反惊矣。人情孰不好谀,诸君所索,当踊跃输将耳。日来写张表,专取其与楷书接近,一月之后,请弟拭目观我楷书之突飞也。年假期内,督课群童(自老七以下至阿庄),每晚辄聚讲,读书声出金石,群童乐不可支(彼等日日读史,诵诗词,写隶楷,阿时且作了许多打油诗。阿时、阿忠终日摇头摆尾,高唱入云,可称水底笙歌蛙两部),但旷我著作常课亦不少矣。澄一诸君欲来,仍希力沮之。来两三日,合计所费足可敷合家一个月窝窝头之费,今何时耶,尚堪如此浪费耶!但若必不能阻,则颇盼曼宣、孝高、观察等能来供绑票耳。

敬复

仲弟。

任。五日。

顺等今日应当上海,但尚未有电来。彼辈在家小住约一月,已定三月廿三日俄国皇后船放洋,庄庄同行。

一一九、约一九二四年

书悉。廷灿(昨已行)已携去五百元。本来从前年年底起,汝嫂已说定,每月给彼廿元,另折为彼存下,彼坚不愿领,谓只作为借款。此孩子有点呆气,只得随他,将来再说可耳。近两文如何?明知无益,尽心写已耳。两日来颇为小词,暇当写寄(今日作题画四首,颇有趣)。

此复

仲弟。

兄。端午。

一二〇、一九二五年七月十九日

书悉。葬期总在(阴历)九月内,请告伯修任择一日可耳。四妹独行诚可怜,交通梗隔,尤不放心。老七辈尚无书来,可想行路之难耳。

此复

仲弟。

兄。十九日。

此间房子已万元买过来,可谓豪举(但其房子已值万元,家具亦值三千,地价约值一万外),因此地太可爱。顷拟与思顺平分，若彼不能，则以保险单押借耳。

一二一、一九二五年八月一日

两书悉。工程一切如弟所计划最好，汽车告窆等事已命藻孙赶办。五日决入京，一切俟面谭。

此致

仲弟。

兄。一日。

一二二、一九二五年八月二日

十八书悉。新图布置极善，请即照办。一昨扶箕亦不主迁古冢也。开工后弟可不须常住彼间耶，抑借此山居或亦不恶也。拟自作一小墓志铭，有便乞询购石刻石等事。季常极窘，拟赠与二百元，入城时望交去。

此复

仲弟。

超。廿日。

一二三、一九二五年八月二日

书悉。工程单及图样已细阅一过，仅两石门而费加一倍以上，殊可不必，请从省可耳。虽非必从墨氏之教，但似此亦聊厚不为薄矣。此间仅放晴三日，比复大雨，兹行真可不必。但数日海浴已觉加健矣。

手此敬复

仲弟。

兄。二日。

一二四、一九二五年八月七日

书悉。已即函博渊，并函谢许修直矣。此间数日来，天气极佳，日日下海，各人皮肤已黑若古铜矣。

敬复

仲弟。

超。七日。

一二五、一九二五年八月七日

六日书悉。价廉物美乃至如此，真出意外。博渊处已去函矣，星期日拟来山一省视。弟想一时不进城耶。

此上

仲弟。

兄。七日。

志先亦住见心斋,曾见否?此公神经极错乱,颇不易操。

一二六、一九二五年八月八日

七日书悉。再致博渊一函,请弟亲持往交涉,能特许最善,否则只好改期开工。因红契非王姨亲去不能取出,去则全眷俱去矣。顷拟廿二一间便全家归去也。

此复

仲弟。

兄。八日。

或并托翊云向博渊一言。

一二七、一九二五年八月十四日

(任志清嫁侄女,请代送添妆品约值十元至十五元,可并列弟名同送。)

书悉。生年开上点穴时,想已预备双冢耶。穴定后(一面筑墙)望即经营造冢,拟全部用士敏土,惟贴地处留数孔通地气。请询伯修兄谓何如。支票仍暂存弟处,俟秋间入京时交我。

此复

仲弟。

兄。十四日。

弟须住香山否？若须当即致书秉三。

一二八、一九二五年九月二十二日

前言星期六来山，但监工外行，来亦无益。若弟谓不须者，拟不复来。但遣车相迓，来此午饭后，弟自入城何如？银行事曾托人与（托季常言便可，咏白若在京，则托其与淁侯言，不在，则我直接言之）仍珠、公权言否？宜早办。弟入城住一晚即了此事，何如。

此与

仲弟。

兄。廿二。

一二九、约一九二五年

忠忠今日已有复禀，看其情形大约不至上当，可释念。数日来诗兴大发，做了两首长古，颇自喜。

敬上

仲策。

超。十一日。

一三〇、约一九二五年

北戴房已借得，昨遣曹武往布置，如无故障，明晚便往，到彼后看情形如何，再函约弟也。扇三把交季常处，秉三函寄上。

此致

仲弟。

兄。十九。

一三一、约一九二五年

书悉。诸馆复函请饬送去，已别函知会博生矣。北戴借屋又生问题，往否尚未定也。再看风色如何亦好。《樵歌》四印斋有不完本，其完本则在朱古微之《彊村丛书》，此丛书为古微所裒刻，宋元词凡数十种，洋洋大观。弟有意学词，不可不置一部也。近忽发词兴，除昨寄之思庄手卷外，更有数首，别纸写呈。

此复

仲弟。

兄。七日。

一三二、约一九二五年

顷电想达。铭三之丧，请代送赙敬五十元，并传我语告其家人（请面告其妇），谓物力艰难，此后彼家中生活可危实甚，丧事万不可铺张糜费。天如、厚生、在君若来游，弟能同行否（并约季常）？来此一周只得一日晴，数日后想有以相偿耳。此间已为弟腾出一房，但再有两三人来床铺亦尚敷用，惟须各带毡褥一份耳。在君函附呈。

此上

仲弟。

超。廿八。

一三三、一九二六年三月二十日

今日连接加拿大来四五封信，思顺也是三月十六日受手术（子宫因前年一跌歪了，又有痔疮），可谓咄咄怪事。据思庄续来信，他也极平安，两礼拜就可出院，想此问安电到彼时，彼尚在院中也。吾此两日内禁止散步，觉极好，殆同常人矣。郊外民房悉被军队侵占（清华成了西郊避难所），百物掳掠殆尽。恐数日后校中便绝粮，或须全家就食城中，或须返津，皆未可定也。

两浑。廿日。

一三四、一九二六年四月十九日

日来尚好，小便偶一两次微红耳，其原因似由走动所致（有两次皆因散步过久)，卧床便极好，久坐偶走亦尚可。大抵仍是微丝血管破也。颇欲再请桃三制丸，弟谓如何(稍迟亦可)？爱吾庐联语，解释真妙绝。北京经此惊扰，以后殆可永安枕矣。

两浑。十九日。

一三五、一九二六年上半年

京书悉。刚父处送二百元，已函托叔通代垫，并有信往候。弟可持往亲致问讯，日来政客星散，心境乃大清静。读书作字，终日不辍，惟比趋奢侈，所作率皆宣纸方格，竟不多，稍积得后当寄三子者。

仲弟鉴。

制超。廿二。

一三六、一九二六年六月三十日

书悉。尿色转深，全由劳顿失眠所致。归津后燕息两日，即复趋淡矣。天如仆仆蓁劳，似不必再来诊脉(因在北戴河服汤药亦不便)，即请处方制丸药寄来可耳。日内奇热，已决七月二日赴海滨矣。永年债项余六千，历年(最近所付在三月间)利息都已付过，大约息钱不过数十元耳。今开上二千元支票一纸，希送去。

此复

仲弟。

启超。六月三十日。

一三七、一九二六年七月六日

到此四日，早睡早起，呼纳清空，神志为畅。但旧恙迄未稍减，不审何故。仍请告天如早制丸药寄来为佳，来时将用款交中国银行。迄今该行尚无人至，在此不名一钱，狼狈可叹。

此上

仲弟。

启超。七月六日。

一三八、一九二六年七月十一日

两书悉。近子华依旧，余皆无恙。天如来时，弟偕行否？来时可向戴月轩购松禅遗制及仿乾隆紫毫各两枝带来。

仲弟。

超。十一日。

保险款殆不误，望告亦侯即代办，余款日内寄支票来补足。

一三九、一九二六年七月二十六日

腹疾后发热，狼狈经旬，昨日始起床，今日无事矣。惟赤祸因牵动复剧作，极可厌。天如药膏今日制成，当虔服，希收效耳。

此上

仲策。

超。廿六。

一四〇、一九二六年八月十三日

仲弟：

书悉。病状详天如函，一进一退，真可厌也。弟齿痛何似？四妹颇剧，已入医院，想闻之耶。

启超。十三日。

一四一、一九二六年八月十六日

归津后乃大佳，想是海滨有某种不适，令药力无从发挥耶（归后服彼第一次药方，即无丹皮者），乞告天如释念。四妹病不甚剧，医言半月可出院，细婆以看护为乐，只得由他。

此上

仲弟、七弟。

兄。十六日。

一四二、一九二六年八月十七日

二弟、七弟鉴：

病谅来可算彻底澄清了，真足庆幸。天如日内想入京耶，当深谢之。阿时事自然极好，但吾恐其不胜任（人以学问渊博目之，能无悚惧），将贻笑柄。拟令彼切实预备一年，此一年中指定若干部书，若干篇文，令彼研究。明年就职或可不坍台耳！已以此意复喻廛涧，《记》曰“陈力就列”，初出茅庐之信用，不可不谨也。

十七日。兄。

一四三、一九二六年八月十七日

返津服药状况大佳，赤焰净尽，其清若镜，味甘如醴矣。现仍赓续服之。若清华开学前不再发，天下将自此大定耶。四妹热度仍未达降退时，想尚须历三四日也。

两浑。十七日。

一四四、一九一二八年八月十八日

顷荐林栋如往南开中学，大约薪水亦不过六十元内外，问彼愿就否？即复。阿时决意令其预备一年，俾将来可以长久。弟等谓何如？观翁到极窘时，只好将贮蓄款之利息给之，随时更略为设法可耳。近两日便色愈佳，简直是无病人矣。天如真神医也。日来强细婆享用，所谓物质文明者，坐汽车吃大餐之类，颇甚欢也。

此致

两弟。

兄。十八。

一四五、一九二六年八月二十一日

十九书悉。愈特愈，豪无疑义。日来更以种种试验，畴昔每为增病源因者，今悉无害。前日曾饮麦酒一大瓶，昨晨与黄溯初剧谭三小时，昨夕在俄公园步行一小时，而清莹如故，比已停药两日，自兹竟可勿药矣。最奇者当服药前两日，正最剧之时，一举而赤贼全歼，似特以此彰神医功用也。司铎说无所闻，日人多反对。想当局不致贸然也。

两浑。廿一日。

一四六、一九二六年八月二十二日

四妹热度已降，据医言，两礼拜决可出院，请勿念。七婶并无大病,彼日日跑医院是其孝心,不过王姨恐其感时行症(孩子未断乳,大人病则孩子立病),属彼注意耳。亦勿念。栋如来信似不满意于南开,还梦想什么教育部秘书上办事,殊不知孝高以实缺秘书,方且极力求近。在今日得六十元现款,包膳宿费,从那里可得(彼若就,可速将应聘书直寄去,还如约于九月四日前到校,且在校用心尽职求进益,将来尚是可靠的职业,若专想吃便宜饭,非饿死不可也)。此子不受抬举如此!此后勿再向我求事也。

此上

两弟。

兄。廿二。

一四七、一九二六年八月二十四日

书悉。伟款请照给。吾病确全愈,数日来绝无再发痕迹,痛快之至!四妹病已入转机,赵氏子常到医院,两情似深相印也。

此复

仲弟。

超。廿四。

一四八、一九二六年八月二十七日

四妹病忽剧变，（大便）血不止，盖由不守医戒，胡乱翻身，致肠一部分破裂也。现医亦无甚把握，且看能否将血止住再说耳。本欲以电话相告，但吾辈既非医生，干著急亦无用耳。下午看情形如何（顷已专雇一看护妇，又雇一老妈替细婆回来，因细婆害怕也）。若有急，或电老七一来，以慰细婆耳。吾因昨日君劢来谭太久，今日又有点焦急，便色复见微红，已再服药，谅可平复。

此上

二弟、七弟。

兄。廿七。

一四九、一九二六年八月二十八日

四妹今晨四点钟去了，想肠溃已非一日。昨日始决裂，不可救。吾昨下午四时往，彼神气已昏，但见我犹能呼大哥也。痛哉！痛哉！吾病自昨日复发，已服药两剂，无甚效。想非待此刺激过去后，药不能有力也。老七想已来耶。

此上

仲弟。

超。廿八日。

一五〇、一九二六年十月二日

藻孙来书，言家里着实饿饭，乞借百五十元，无法只得许之。请托鼎甫交其妹名“满满”者收可也。吾病自昨日起渐见转，今日色极淡矣。今日仍服头一次药方，似是彼方最适也。吾决六号早车来。

此致

仲弟。

超。二日。

一五一、一九二六年十月三日

天如、钧任两书请阅后交去，天如处即汇百元，若今日银行不办事，则请先将原信寄去，另由弟附一纸说明理由，言改日即汇可也。钧任书连改定之章程原稿一齐送去最好。弟亲自一往，问彼国史馆事款项作何着落也。

此致

二弟。

兄。十月三日。

一五二、一九二六年十月二十四日

前书因懒未复，希白所言，在得信前早已谢绝矣，勿念。日来精神益旺，而小相如故。想信如舒东所谓不可治，可不治耳。此间本国游客极少，到此后仅晤一人耳。天如能一来固甚佳，否则俟一月后亦无妨。弟能来小聚最盼。

此致

仲弟。

兄。廿四。

一五三、一九二六年十一月二十三日

书悉。兹事决无效，钧在税处，尚且不援引一人，况此贫瘠之机关耶。曾勉为曼宣致一书，亦未得复（殆必不复，彼前曾面言也）。明知无效，何必喋喋取厌，请以此意直告利民可耳。黑二爷亦来书，同一请求，未复之。渠若来见，并以此告之。

此复

仲弟。

超。十一月廿三日。

一五四、一九二六年

与细婆谭家事，多足喜慰。赵家二舅已见，自是佳子弟，所言当无不可。但嫌齿稍稚耳。今日未服药(天如令隔天一服)，便色视昨较浊。但视一月来则天渊矣。

七日下午。

思成所要东西，尚有洋孩子要的中国图章，请托敷广代办。

一五五、一九二六年

二婶、七弟来各书悉。服天如药，其应如响，仅服一剂，数点钟后，赤帝子已成黄帝苗裔矣。天如谓三剂(隔天一服)当全愈，想信然耶。此上

仲弟。

兄。六日晚。

一五六、一九二六年

今晨快信收。仍思明日返北戴，盖天如本言服汤药三剂后再作理会，且言病绝不要紧也。现诚大有效，今日晚间之便其清异常，仅一剂已如此，三剂或竟收功矣。到时若仍未清楚，或即来京一行也。到京总不免人事纷扰，起居不节。吾不欲来以此，

非愎谏也。

此复

仲弟。

超。七日晚十时。

一五七、约一九二六年

书悉。可即以八百元还尚志,余存通易可也。

此复

仲弟。

超。九日。

一五八、约一九二六年、

燕孙寿联可裱一红线围之,绫用米色(裱好即送去,时日已迫)。

此致

仲弟。

超。六日。

一五九、约一九二六年

书悉。孝高股勉应之,亦甚拮据矣。廿六日望坚谢同人自来，不独劳民伤财，且恐增病也。

此致

仲弟。

超。十二日。

一六〇、一九二七年初

顷拟一公电，谅弟志必赞成，请持示宰平、越园一商（能并示博生尤妙，但以速发为佳）。若无甚反对（请两公对于文字代为斟酌），即送钧任代发之。仍先行录一副稿，即送博生处交通新社发各报，又录一副稿寄上海各报纸登之。

两浑。八日。

一六一、约一九二七年初

昨天晤钧任及亮俦，亮言款待。安格联将统计表编好后便来通知，不必催他。但决定不会变动云云，既如此，只好等一等，筹备处需小款支用。即请垫一下（在前次千元内）。若弟处无款用，电话来，当写支票寄上。

此上

仲策。

超。二十晚。

哭孺博诗已写就。

一六二、一九二七年三月五日

玉衡事,胡霖生有复书寄上。惟彼旧事尚留,而南局亦非大可靠者,何去何从,请彼自决。以彼平日运气言之,吾恐其一去倾人国耳。黑二爷必须为位置,或先在松馆拓一席,何如? 否则当令其来津作庖人耳。

此上

仲弟。

超。五日。

一六三、一九二七年四月十五日

书悉。姑遣询秉三得覆再告,但以吾所闻,昭庙早为教职员住满,恐未必得当也。三军乃吴旧部,纪律尚不恶,似亦不必惊慌。全家挈避费不赀,亦谭何容易耶。日来间有微红,睡足时则清如水,想静养实唯一良药矣。

此复

仲弟。

超。十五日。

一六四、一九二七年五月二十一日

旧师大来索照片，请将储才馆所曾悬者送去。

此上

仲弟。

启超。廿一日。

乞促玉衡即来（行李俱带来，不必再入京矣）。

一六五、一九二七年六月十五日

（六体千文佳绝，顷已发愤学章草矣。）

秉均书寄阅，储才馆纷更章程，削减预算（姚顷有书来），事前并未商略，礼意如此，不可复留矣。顷已将原件交越园看，下午当晤面再决行期也。

此致

仲弟。

超。十五。

一六六、约一九二七年六月二十二日

顷续有书致越园，决计引退，且属倒填日子。想弟亦谓然耶。图书馆挪拨款事亦与越商及，请弟更当面细与推敲，若谓恐惹葛藤犯不着，则置之。若谓可行，则试托人与朱有济一言，何如？

两浑。廿二晚。

一六七、约一九二七年六月二十三日

一昨两书寄越园，想达。顷得本日快信悉。望是越兄如此表示，固甚好。但今所当研究者，其一，据现在形势，不惟不能办至毕业，即再办足一学期，恐亦不易。若暑期开学后，不一两月便须停止，倒不如趁此告一段落时，即行摆脱，反不显狼狈痕迹。其二，都中若有他故，越兄能否不避地，若能，则精神尚不致涣散，否则人虽礼留，我辈先无以对学员。因兄于最近期间不能入都，殆为既定之事实。若并越兄亦到不能安居的境遇，恐彼时欲交代且无从交代也。以此之故，故我弟二书有辞职公函倒填日子之议，但此举顷亦已成过去，因新长已到署，实情固彼所知也。此公世故甚深。越兄与戟所言，度彼必无甚异议。今所当速决者，若彼礼貌不衰，我辈是否仍可留，请与越兄熟商见示（既不能倒填日子，则从容数日，固自无妨）。昨书言图书馆垫款事不过一时感想，细思终犯不着惹此轇轕，请告越兄，不必置议矣。

此复

仲弟。

超。廿三晚。

一六八、一九二七年七月一日

病情思永有信报告结束,想已收。算是受了两天多的罪,但现在已完全好清楚了。病源是着凉,那天晚上和思永在院子谈到夜深(倒不是因打牌,永回家后没有打过一次牌),觉得有点发寒噤,明天遂便秘起来云云。秘了五十多个钟头,比前次还厉害。第三天到底请东亚医生用管一通,便立刻好了。其初有点不放心(怕不干净或手术拙劣)东亚,总想勉强捱过去或到协和,其实东亚甚好,早知如此,总可以少受两天罪。去协和原是万不得已之所为,所以宁受罪而沉吟两天不去者,亦正如来信所述。季常之言现在当然不成问题了,至于病的远因,恐怕总是因为一个腰子,分泌力到底差些,所以易出毛病。大半年来小心谨慎,凡弟前所属付的话,无论何方面都兢兢谨守,所以养得十二分好。偶然间一点注意不到,便出岔子。经过这两次以后,又知道特别该注意之点了。好在体子本来极强,暴风疾雨一过,立刻光风霁月。请你们放下十二个心,尤其是细婆处详细报告,免得老人家惊恐。季常及诸亲友相念者,都一一告慰。

思成有覆电,决就东北大学聘了,已经两电催他务于阳历七月底到家,大抵八月初五六间便行庙见礼,虽年头不佳,但一家家男家妇的大礼不能不庄严举行。现在打算外客是不请的(有三两位亲交送礼辞不掉的,临时再说)。但行礼那天,一位细婆、两位叔叔、两位婶婶、两位舅舅、一位姑丈、一位大姑这些老辈子非一齐来受贺不可,京里一群孩子,连阿时、藻孙、孝同也要来助助兴。现在大家穷得见骨,届时打算问准来的人数,买火车票送去(但只能都买三等),这边住所也由家里预备。总之,这群长亲必须到,但不致因来一次而发生经济上问题才好。新娘子初进门,娘家没有预备,当然不会有礼物孝敬尊长们,但尊长们的利是却免不了,我打算替祖宗大大的包他一封。我自己呢,给些书画(手卷之类)做见面礼。叔叔婶婶们只要四块或两块钱的一封利是便好极了。你当二叔公的,若能挑得件把文房器给他们做永远纪念最好。若一时找不出来,干折也是一样。观察那里请你和他申明约束,姑丈姑母两块钱利是是要定了,却是两块一毛钱以上,断断乎不要。因为他老人家太爱花冤钱,我们不能不预先干涉他。细婆却希望有些特别,我狠想他老人家给他们的见面礼是一对镀金的小银如意或小元宝(不盈寸的),令他们两小取个吉祥(佩带在身上),托上一辈的福荫。请你赶紧在我存款项下替细婆预备罢。朋友们是绝对不惊动的,但至好如季常、宰平、印昆等总会知到,或者免不了有些点缀。这里布置新房,正缺几幅字画,极想得汤定之、姚茫父们一两幅喜丽的小条幅(不要四屏），请示意季常，若必要送礼，由他斟酌，约几位至好，分赠三几张悬挂洞房的精致小品便感激不尽了（但希望七月底以前送到）。同乡至好们能免掉最好，若实不能，则此间礼堂正需用一幅喜幛，我可以在天津代办，但希望凑份子，每人从两角钱起到五角钱止，过此以往是断断不能受的。份子收齐交到你那里了，我便照帖子上名字代办一个喜幛便是。新愈后有点疲倦，暂写到此为止。

仲弟。

超。七月一日。

一六九、一九二七年七月二日

一日书悉。方记款应如下计算：

直接支出九千五百十元，加孝高三百元（六月份仍请照付）（作为预支）又加四五六三个月，我名下薪水九百元之二成，共一百八十元，都共九千九百九十元，即垫款，共万元（请多交馆中十元，凑足成数，少十元耳）。即以万元计（八厘）息。从去年十月起至本年六月，九个月共七百六十元，是为以前垫出之总数（是否十月起息，若十一月起，则息当为六百四十元）。以后还款方法董事会已有专条规定，每月提五百元。自七月起，每月扣去五百元之息。八月份实欠本九千五百元，及此九千五百元之八厘息。九月则为九千元及其息。依此制成一表，到来年某月本息清还，可以预算每月即以报告于董事会（试将此表制出来寄我看），丝毫不含混矣。过去垫款细账现在除报告董事会外，无向馆员宣布之必要（其实除孝高之三百元外，其余皆无所用其秘密）。惟弟与孝高知之可耳。但将来总须报教部，转咨财部。得款即还永年，自是正办。惟据思顺来信，彼代我经营投资，可得利一分以上至二分。故颇欲将所得之款，每月汇去，永年来年即满。届时任其将本息扣还可耳。弟谓何如？弟就馆中会计，想同意，已告孝高发表矣。月薪拟百元，将灿等三人停职，预算原额并不加增也。编书目事亦已得款，灿即可在彼领津贴若干，前垫八百元亦可陆续扣还。北京馆事因李仲揆辞职，既无副馆长，而馆长又不在京，无此办法。已向董事会辞职，令准给假，派静生代理。自七月起，当辞彼馆薪矣。

此复

仲弟。

兄。七月二日。

一七〇、一九二七年七月二日

希白来书。复以法权讨论会事为言，吾复书谓若改用聘任，不见命令，则未始不可，弟谓何如？并请一商季常。

此上

仲弟。

超。七月二日。

老七到署后何如？此间关于细婆到津后一切事已分付老吴，届时老七更指挥之可耳。今日夜车赴北戴河。

一七一、一九二七年七月七日

清册阅毕，寄还。越园已到津。商定于廿一、二间（若时局不剧变或更迟三数）再提辞函。彼若于下月乃来受代，则现馆员皆发八月份薪，亦稍资接济。届时越当来京办交代也。大抵弟必须辞玉衡等，若彼暂不更动，则捱下去再作道理。法部裁员，观翁如何？明知是鸡肋，亦颇为彼悬念也。又我欲将馆员全体发去年十二月份薪一月（或专发在十二月已奉令到馆者），但尚未与越商，弟谓可行否？请先见告。

此致

仲弟。

兄。七月七日。

一七二、一九二七年七月十一日

十日书悉。表早已收阅。（希白言）钧任与新人甚熟，希白已函彼示意。明日当约静生一谈，但彼前言欲往北戴河，不审已去否耳（若去约住一月）？思永由沪乘船，十九日到，已有电来矣。

此复

仲弟。

兄。十一日。

一七三、一九二七年七月十二日

秉均书今日始发，吾以为弟已亲托之矣。其实熟人如秉钧者，尽不妨自言也。静生往北戴河，董事会无从接洽，前希白函告，钧任措辞尚不失身分，听之可耳。

此致

仲弟。

启超。十二日。

顷有致枚如书一函，可索阅（关系储才馆事者）。

一七四、一九二七年七月十四日

前有书属，开清单两份，一致教部，一致董会。今教部函可不致，但致董会属其每月（开清单）汇交南长街我名收可矣（弟代签名收）。

此上

仲弟。

超。十四日。

一七五、一九二七年七月十九日

十六书悉。即约越园来商加发(一两月)薪事,颇不谓然。职员半年后加薪,未尝不可。但我辈若行,彼中必大易人,又何苦为不相干之后人作计。故不如其已也。茶役稍加润,自可行耳。越顷来一信,并寄阅。钧任屡书劝勿辞,惟仍当视新章之公布与否。在新章下决无办法也。思永明日上午九时当到。渠到后或挈往北戴河小住。连日酷暑,不可复耐。百事俱废矣。

此致

仲弟。

启超。十九。

请告枚如,新章未布以前,辞函缓送未始不可。但新章(倒填日子)布后之辞函,上款不必用"□□仁兄"字样,纯作公函式,起首用"迳启者",结衔用"此致司法总长"可耳。

此致

仲弟。

超又顿首。十九。

一七六、一九二七年七月二十日

利民呈批，寄回，越园已同意。思永昨晚已到家，日内当入京一谒诸尊长。

此致

仲弟。

兄。二十日。

一七七、一九二七年七月二十一日

今日快信悉。手折批寄，想收。辞函决迁延到月底乃发出，不过欲为穷苦馆员多支一月薪耳。盖交代若在月初，则馆员不留者，不能不给一月薪也。思永已到，戴河拟不去矣。

此致

仲弟。

超。廿一晚。

一七八、一九二七年七月三十日

两书悉。化子眼孔手势只堪捧腹，不足介意。弟所以应付者，正甚益也。原书当留示杖如。思永明日入京，此间近状当能面陈。

此复

仲弟。

超。三十日。

一七九、约一九二七年七月

老七来得极不巧,正值越园、枚如在座商馆事。旋被在君拉去中饭并作戏。惟渠事细思,竟无从请托,弟试就近觅秉均一商(与熟人如秉均者言,不必我直接效力亦均也),看有办法否?展转间接恐不易耳。

一八〇、一九二七年八月前

廿三廿四两书悉,复堪书真意外飞来之怪闻,已即复一函,言成、永早有婚约,忠以下年龄不相当,刚父生前未谈及此,我向来亦不干涉儿女结婚之自由云云,弟亦可以此意复之。扇面两把寄上,一赠弟,一赠黄秋岳。因彼两年前以伯唐已画一面之扇乞书,竟失去,故赔偿之,仍请别具一扇,乞其写近诗。弟前书所言中银事,不便就此一信中言之(嫌近于以扇为交易)。下次复彼书时当可一言,或弟送扇往时,自言之亦无不可也。许守白(其书佳极)及擎一书请交去。思永仍返国,已在舟中矣,回来亦有事可做,故不止之(止之亦无及)。储才馆事如此步骤甚好,且看下回分解可耳。

此致

仲弟。

超。廿五晨。

一八一、一九二七年八月三日

连书具悉。月来正思尽摆脱百事,独于清华不能无眷眷,董事会之设,实多年来校中师生所奔走呼号而未得者,且其章程殆与我三年前所主张全部相合,见之不能不心动。已复函柳隅应允矣。不审弟及季常谓何如(思永意何如)?吾意除校长决不担任外(照章,校长由董事会在中国董事中互选),董事一职以历史上关系,总不能恝然也。储才馆学员名片已收(已转至越园)。尚有代表二人亲来京谒见,情辞恳切可怜,只有好辞慰勉而已。留此去思,亦未始非佳事耳。思永欲谒历史博物馆馆长,弟似与熟识,可切实介绍之。并告彼云:“马叔平现不在京,陈寅恪南下,待归来再为介绍。”

此致

仲弟。

启超。三日。

一八二、约一九二七年八月二十一日

方记款尚存几许，欲再汇美金千元与思顺，不审，乞示。

此上

仲弟。

启超顿首。廿一日。

一八三、一九二七年八月二十九日

示悉。玉衡见摈，亦意中事。久潦中涸鳞争食，死命相搏，情状固应如此，况小人得志，宁可与校耶。弟事亦不敢保能有几日，然忽之无益，倒是要未雨绸缪，早作自立之计耳。玉衡现实无法可想，除是林紫垣处，但彼邀吾辈入股，至今未能如约，艰于启齿耳，空再图之。日前郭同伯来见，已切属为孝高、澄一留职，惟未及弟，只得随彼耳。越园为玉衡作一画，极自得意（其实真佳）。（又观翁一帧）日内有便人当带上。（病已全愈，服天如药膏颇见效。）

此致

仲弟

超。廿九。

思顺近信寄阅，渠所经营如此得手，颇可喜也。通易所存永年余款,不知尚足五千否(计并中银利息七百元,当满此数)。请决意代我汇去。虽此边认些利息,似尚合算也。又七长之七千余元,请限价五十元卖出,日来狂涨,终是投机心理所致,不足持久,似以早脱手为妙。弟谓何如?

超又顿首。廿九。

一八四、约一九二七年九月二日

书悉。请先代汇美金二千元与思顺,余当续寄。它事由廷灿复。吾九月十五后当入京数日。

此上

仲弟。

启超。二日。

一八五、一九二七年十月十五日

请交宪子五百元,并告彼能于君勉未行前来津一会谈,尤妙。

此致

仲策足下。

启超顿首。十月十五日。

一八六、约一九二七年十月三十一日

书悉。君劢处尚未送礼,请即用二人名合送一幛去,又请向戴月轩定制蒙氏鹦鹉笔大小各一(写联及屏用)。其仿造内府制之(不刻字而头尾镶骨者)小紫毫亦买两枝,有便人一并带下。

此上

仲弟。

启超。十月三十一日。

一八七、一九二七年十一月二日

保险费到期,请由通易拨付并借款一年,利息交去,想所存尚副此数耶?龙家可不必应酬,子干书件日内当写寄。

此上

仲弟。

启超顿首。十一月二日。

一八八、约一九二七年十一月六日

书悉。支票寄上,方记尚存几何,能副纳息用否?解俊问振飞借钱,属转我帐,已告振勿理会。但未骂之。前褛件均收到,本星期思永或返津,笔(亮才扇)可交彼带来。

此复

仲弟。

启超顿首。十一月六日。

一八九、一九二七年十一月九日

昨书计达。君庸想已晤耶,彼来书寄阅,林家既请彼为大媒,则书庚公请李释堪(请大媒宴当然并请释堪坐第三把交椅)最好,请柬可送李处。金如意省去不办,已复书君庸,一切如所拟议矣。

此致

仲弟。

超。九日。

一九〇、一九二七年十一月十日

书悉。昨晚一书意见正同也。纳采拜帖简单诚然,但婚礼既不在国内举行,则用拜帖仅此一次,故欲彼此遍拜长亲,以示郑重耳。如何之处请弟与同人商榷主持便是。双方聘仪拟寄往美国,备结婚时佩带。若林家同意最好,交由我处汇寄。因拟寄至阿图和总领事馆则可以免税(婚礼大约在阿图和举行)。否则此重税决非彼两小所能任也。又庚帖写就后,拟照一照片寄去,原帖则两家家长保存。俟归来乃交两小收藏，如何之处一切请商君庸。

此复

仲弟。

兄。十日。

请交五十元与思永。

一九一、一九二七年十一月十一日

书悉。思成庚如下（前因托君庸写，已交彼，今再补写上）：光绪辛丑年三月初二卯时。三代系由思成计，寅斋（祖妣余氏、叶氏，庶祖妣李氏）公可不书拜帖（但徽音生母似不能不由王姨一拜），只拜主婚亦得，较省事也。双福帖如复堪写法便是。

此复

仲弟。

超顿首。十一日。

一九二、一九二七年十一月十四日

书悉。两印当再搜索，先出脱二万，其余少待可耳。保险公司押款存通易者尚有几何（除六月仍给二成外）？拟汇往思顺处（顷晤静生及孟禄，京师馆事或有相当办法）。乞查数目示知，俾凑足成数也。宰平谢函已发，彼已复函言为我转谢前途矣。栋如来书求补郑苐庭弟之缺。但苐弟辞职时，苐别荐亲戚一人，越园来商谓拟却之，只能给以一录事耳。我既同意越之闭关主义，实不便自破其例，弟谓如何？范季美往意领署切实接洽一次，意领谓意界可保绝对安全，若临时添人守门亦未始不可。但彼认为不必云云，我意亦如是。顷实行闭门二字，来往皆走后门。安心蛰居，谨慎防卫，当可无事也。

两浑。十四日。

一九三、一九二七年十一月十四日

书悉。细婆所记不误（我们真都该打），叶者高祖妣之氏也。曾祖妣氏赵氏余。庚帖格式原有两种：一以结婚者为本位，二以主婚者为本位。我家向来皆用第一种，实亦较合理，请商释堪，仍采用之如何？日来旧恙微发，大抵因连作两文（一《王静安纪念号》序，二张子武《墨经通解》序）之故，但甚轻，勿念。

此复

仲弟。

启超顿首。十四日。

1928 年 3 月 21 日，梁思成、林徽因在加拿大温哥华举行了婚礼

一九四、一九二七年十一月二十日

前后数书并悉。据现在形势,储才馆欲办完两学期亦不可得,不如乘第一学期终了时即行摆脱,反得所以自处之道。已函商越园,不审弟意云何?天如书所言,虽不能尽绝,要亦极稀少,以后益当注意,绝之亦非难耳。日来此间并不寂寞,子卫、抟沙在此,偶加一人,辄复成局。又间与群孩作诗条之戏,亦颇有趣。

此复

仲弟。

兄。廿二日。

用集词句联写扇子,极有趣,顷为弟写得一柄,将引起弟玩扇子的兴味。

一九五、一九二七年十一月二十日

廷灿可恶已极,我日日等着图书辞典计划书应用,他自己又不来,又不交谢刚主带来,耽搁时日误事不少(累日费一日工夫另撰许多条文)。得此书望即电话告灿。将计划书印本二三册及吴其昌交来之稿本带来,送交文化基金董事会(该会所已迁南长街)范静生收。因该会准二十三日开预备会,必须于开会前送到,备审查也。

此致

仲弟。

超。二十日。

一九六、一九二七年十一月二十一日

玉衡来礼早已收,思永及廷灿无他事可不必来矣。永母生忌,达达等在家致祭便得,生以来日,死以往日,古人不重生忌也。卓家嫁女当应酬,惟女家贺礼以添妆为宜,送四元乃至六元之礼券可耳。

此致

仲弟。

启超。廿一日。

此笺结体,颇近东塾,亦一奇也。

一九七、一九二七年十一月三十日

书悉。灿所带去之数不误,吾本未知原数几何,但约略记忆,误以为万元耳(信笔写去)。收条乃寄还待用(已再查帐,又不是我记忆之误,因尚有一部分,七长押在兴业备透支,我以为全交灿带去)。方记事已解决,董事会每月垫款二千五百元(以我在职为条件),保险公司款可以每月摊还若干,不至无着了。

惟以后会计益复杂,非弟直接为我担任不可(前此事实上乃弟司会计,但不居其名,终有不便)。储才馆早晚总须摆脱,即不摆脱,弟亦每月到方家一二次便得,盖庶务别有人管。弟但严密的管此一盘帐耳。拟即函告孝高,谅弟必无异议耶。

此复

仲弟。

超。三十日。

一九八、一九二七年十二月二日、三日

前属拨五百元与宪广,想未交去。闻渠将行,即交为希。得灿书知大嫂险象已去,想医药费亦不赀耳。旬日后当入京为思成行文定礼。顷静养大大有效,赤焰全熄者殆两旬矣。

此告

仲弟。

超。十二月二日。

书未发,适得二日来书。仲恕所代物色之件,极善。所需即请代付并深谢之。前日因卓君庸来言,有玉印一双,拟男女家各购其一。曾函仲恕,谓佩若未购,请停止,今既购定,更无问题。更惟托人办事,而中间忽有异议,生波折,甚觉不安。希为我多多谢过。

超又顿首。三日。

一九九、一九二七年十二月七日

书悉。我亦感觉易地养病之不宜，王姨颇主张入京便借寓协和也。弟既力劝勿来，当即从弟议便是。文定礼本不必张皇，特因思成已决定在美结婚（我及思顺如此主张，彼两小未完全同意），婚仪太简率，所以想在文定礼上稍微郑重庄严一点，我既不来京，一切由弟代理便是。今将各事到后，其中有许多须与卓君庸接洽者（徽音之姑丈即印《草诀歌》者），请弟往拜彼一次（地址问宰平便知），随时商洽可也。

一、庚帖已面请君庸书写（宰平主张者，因君庸堂上具庆、夫妇齐眉、儿女成行），可下一"全红夹单帖"正式奉请。所谓全红夹单者，用一五开之红全帖写"愚弟梁启超顿首再拜"字样（可写姻愚弟，因卓家与林家至亲）。另夹一单帖写"恭请书庚"四字（"恭请"二字低格写在右方，"书庚"二字顶格写在中行）。用一红封套封上送去。

一、大媒已请定林宰平，可用一"全红夹单"专请，单帖上写"夏历△月△△日为小儿思成行文定礼恭请大宾"字样。

一、林家拜帖，其拜主婚帖（即拜宗孟之弟及其弟妇者）例用双福（五开全红）写"忝姻愚弟梁△△偕簉室王氏顿首裣衽拜"，封套写“林亲家二老爷、二太太”。另一帖（都是五开全红）用王姨名拜徽音生母帖写“归安定箎室王氏裣衽拜”，封套写“林亲家姨太太”（其二姨太太似宜别下一帖）。此外，林家尚有长亲几人应下帖者，请详询君庸。我家应受之帖，除彼方主婚用双福帖（但此双福帖封套上对于王姨应写姨太太，不可用太太字样，请告君庸）来拜外，应给你及老七各一份（当用双福），细婆一份（封套写“姨老太太”字样），可详告君庸。日期以双方聘物预备齐全之时为定，此须问仲恕及君庸者。王姨请人择日择得旧历廿五日（阳历十八日，恰是星期日），若能赶上彼日最好，若赶不上则稍迟亦无妨（惟须早定，俾得下帖子、请大宾）。聘物林家用一玉印，据君庸言该印本是一对，故当仲恕未购定玉佩以前，曾与君庸言两家各购其一，印文互刻新郎新妇名。今我家既已购定，本来最好是林家并购双印送我，但不便作此要求，仍由我家购其一便是。但我家所购者印文拟不刻徽音名，但刻“长宜子孙”（告君庸，言预备彼夫妇可通用，故刻一吉祥语）四字阴文，请托君庸代购代刻。该印据君庸说双印共索金三百余元，今我购其一，须一百五十元内外。另刻资恐须二三十元，又托君庸代购庚帖（虽所费极微），可先拨百八十元交君庸为代购印刻印及各杂费之用。前曾告君庸欲双方各用一“寸许之小金如意”，但恐定制费时赶不上，免去可耳（若有现成者则不妨购，一并托君庸便是）。行礼之日，家中大门易挂一红绿绸彩（简单两段绸子便是），向祖宗神位前行告聘礼，将聘物陈在祭桌上，祭毕乃交大宾将去。另有告辞一篇别纸抄上，可用红帖写好，届时弟代我行礼。启雄或思永读告辞。行礼最好是在上午，礼毕即在家里请大宾宴（午餐），可询君庸林家所请大宾为谁，一并先下请帖。请帖用我兄弟三人名义（用红柬），不必书明为何事，但用"洁尊候教"字样便得。坐位是林家大媒首席，我家大媒次之，汝代表主人须亲自送酒定席，陪客请仲恕、君庸、周养庵、江翊云、罗敷庵等，主人则汝与老七并令思永侍末座。我不便到京之理由，请向两大宾及君庸前道歉。

此致

仲弟。

兄。十二月七日。

（托周养庵代购奉天笔十枝，价十五元请即送去。）

（告聘辞）用全红柬书写，祭毕焚化。

维中华民国十六年岁次丁卯仲冬之十一月辛酉朔越廿五日丙戌（填甲子），孙男启超谨以香花清酌昭告（不设馔，但用稍大之红烛）于显祖考镜泉府君、显祖妣黎太夫人、显考莲涧府君、显妣赵太夫人暨先室李夫人之神位前，曰：长子思成学已得师，壮宜有室，缔择名门，聘于林氏，卜以今日，礼请媒妁，肃将信币，文定厥祥。伏惟府君、太夫人、夫人德裕后昆，爱钟冢嗣，尚祈慈荫，俾永良缘，启超不胜欣悦祝祷之诚。谨告。

二〇〇、一九二七年十二月十七日

书悉。期不改甚佳，此书到时或已礼成矣。为我谢诸宾，当弗以慢见罪也。白青榭诗明日当试为之。一昨又小小发烧，静眠廿余小时乃愈，老态渐露，动辄有小病，殊可厌也。

此上

仲弟。

启超顿首。十七日。

二〇一、一九二七年十二月十九日

昨日事想都办，众宾欢耶。廷灿日内若来津，则聘物可交彼带来，双方庚谱一并带出亦可。挂号寄去，不会失也。白青榭诗尚未成（我作诗本甚艰），不及赶拨所行期，但旬日内终当践约耳。希告君庸。

此致

仲弟足下。

启超。十九日。

二〇二、一九二七年十二月二十八日

庚帖照片收，当即寄美，如此清晰甚难得也。玉衡返京想已见，所如辄阻，可谓数奇以后尚不知作何安顿也。请交二十元与细婆为新年包利是之用，日来因节制饮食，闹得像五台山上鲁智深馋涎常滴。欲索孝高送我年礼数事之芋头糕、马蹄糕及其他，请电话预索，俟思永返津时带来（渠阴历二十二、三当来）。二婶、七婶、大姑处，皆有所索也。

松馆鬻字本年总账请告孝同一查，吾欲分总额三分之一聊助岁暮之费，原例分半。往年津沪有所入，今年殆仅恃都中耳。近日旧恙又有窃发之势（近来动笔虽不多，然常打腹稿，想总不相宜也），看来非加一级静养不可。颇欲寒假后将清华坚决辞去，俾精神上得彻底安帖。惟无论我辞与否，老七必须先辞，免人说闲话，此意可先告老七，令作预备。总之，不劳作的收入断不可久，亦不可贪，只有节衣缩食是乱世自全之道耳。叶姨病如何？王姨甚忧念之，来书可一提。

此上

仲弟。

启超顿首。廿八日。

二〇三、一九二七年十二月三十日

思顺来禀寄上,他们自己虽极清苦,替我营业却大好。除已实收到三千六百余美金在手外,所未卖出之股份,照发信后时市价约值美金二万八千余,比原买价一倍以上矣。此稍足相慰者。月来公债频涨,不审弟前所损失已恢复否?颇念。吾数日来旧恙又剧发,真是"无理由",可厌也,又欲置之不理矣。

此上

仲弟。

超。十二月三十日。

二〇四、一九二七年

书悉。中原公司每一专店之主任,薪工(即内部所分各店共百数十)只有五十元(最高者),其副主任则三十元内外。盖薪极薄,而花红颇丰,先施等组织均如是也。不然,三五十元之工金,何从能羁縻尔许伙伴耶?尚有一例,伙伴有股份者,花红亦愈丰。玉衡来,我可将五百元作为彼股,是亦一法也。清华决非长局,且彼处之四十元,实际上等于我自挖荷包耳,更非可久。彼仍速来津,与紫垣一会晤,确定为佳。再迟恐为人所夺,盖该公司开办在即,缺难久悬也。

此复

仲弟。

启超顿首。十七日。

二〇五、约一九二七年

尚志学会款已还去若干，请告知其未还之部分可暂缓也。吾日来眠食一切皆胜常，毅安所言，自察情状，万无验理耳。

此致

仲弟。

超。洋端节。

书未发，适得五四书，悉一切，他且不管，都中亲旧饭碗（弟恐亦不免）俱破，最可忧耳。

二〇六、约一九二七年

仲弟：

十五书悉。昨一函寄弟与枚如，想达。新章姚已寄到，荒唐已极，其要点略如下：

一、削除奖学金；

二、收学费；

三、增加许多科目（亦有削减）；

四、学长由部延聘；

五、馆长聘教员及任用事务员皆须经司法总长同意等等。

要之，此章如行，则馆长除吃饭、睡觉外，无复自由权，而学生必至不复有一人也。得姚书后，招越园来商，谓不能一日留，越本拟星期一入都，亦即不往，故立发书，请公等告君济办辞稿，催交代。今日阅报，知姚逢彼之怒，条例不盖印，似此不妨又观望数日。好在去志久决，迟早不成问题也。枚如星六想必来，一切当面商定。卓轩处仍请平甫代书，用擎一所制联最好。

手此复请

大安。

超。十六日。

二〇七、约一九二七年

季常一来狂顽数日，今日复狂睡。顷方起耳。应告事列下：

一、储才馆既办过第一步，其第二步，不妨小待，大约在暑假开学前须解决耳。俟越来当面决。

一、中行余股仍拟出脱之，图章已大索不得。请如前议，登报易章，再作处分。但仍以速为贵。

一、玉衡事已发一书，重托胡霖生，因彼已成南交通部要人也。但闻南部欠薪无异于此，恐得差亦是枉然耳。

一、灿来时属带各物如下：一、越园所赠大画一轴，裱碑帖若干件，在南长街吾卧房中；一、佛学、日文书籍若干种在清华。

一、请代印思顺信封五十张，大号洋纸，其长度可装本函（即此函，不消叠折者）。其新住寄上。

一、灿带去扇面想已收，卓君庸所赠《草诀》已收，当函谢之。

此上

仲策。

超。廿八。

二〇八、约一九二七年

书悉。收据寄上，弟病全愈否？太平湖有朱九江、黎二樵遗墨各一册，有便请检还。

仲弟鉴。

冰。

二〇九、约一九二七年

师范大学有应领款百六十余元，请饬人凭收条及原信往收。

此致

仲弟。

超。十二日。

二一〇、约一九二七年

请交五十元与玉衡，保险费已收回，请告亦侯。方记折存款尚有若干，便中查告，以后拟常存五百元内外在弟处，备都中支用。其余请拨通易我名下存折中，备此间随时调取。

此致

仲弟。

超。十二日。

二一一、一九二八年三月六日

强制早睡早起已三日，病状乃大佳，中药仍隔日或两日一服，或药亦与有力，不可诬也。思成婚期尚未接电，前电但浑言三月耳。张、叶两信附呈。

此致

仲策。

超。三月六日。

二一二、一九二八年三月十四日

亦侯嫁侄女有帖来，请代送礼券四元（送通易或并列弟名）。另一信请交去。股息共收得多少，请以数日见告。思成廿一在加拿大结婚,已有电来。吾十日来早睡早起,甚好。中药仍间日一服。

此告

仲弟。

启超。十四。

二一三、一九二八年三月二十三日

伯唐来书寄阅,所言谭君,即前此曾诊汝大嫂病者,吾只能致赙廿元耳。请日内即交与仲恕。吾病日见起色,惟稍觉干燥,昨今将当归抽出,或较可耶。

此上

仲弟。

超。廿三日。

二一四、一九二八年三月二十六日

周养庵送来思成之古物陈列所咨议之公事,请留家中,不必寄来。借此为取外交护照之一工具耳。手续如何尚需与钧任(新外长)函商也。

此上

仲弟。

超。廿六日。

淳菁清秘之笺纸请交藻玉堂带来。

二一五、一九二八年四月四日

玉衡南下宜早来，自查船期并预备一切，彼处虽未必是活路，然株守北京总是死路也。吾病自永入京后，日益见好，勿念。

仲弟鉴。

超。初四。

二一六、一九二八年四月十八日

（玉衡两次失南中机会，正可惜，现已无能为力。）

观察、玉衡、老七此间饭碗皆无复希望，宜速摒挡返粤，自图开展。勿复倚赖观望以自误，一切属灿面详。

此致

仲弟。

超。十八日。

二一七、一九二八年四月二十三日

老七来，悉一切，乡事只好如此应付，已属老七写较详之信矣。近来作书非硬毫不欢，望即代向戴月轩定做紫豪中楷五枝，小楷十枝。告以须选佳料,若合用,当续制不少也。

此致

仲弟。

超。廿三日。

二一八、一九二八年六月前

代印信封,应写“北京清华学校梁缄”,勿漏“北京”二字。

二一九、一九二八年五月二十三日

书悉。昨日已发振飞一长电,今日又致公权一电,看结果如何再说。现在仍以设法维持原位置为最好。改行员恐甚难,即办到恐薪俸不能及今之半也。

思成已就东北大学聘,有电促其七月底到津。

此复

仲弟。

超。廿三日。

四行恐更不易,若各路走不通后再议之。届时尚需季常加一书,或可有效耳。汽车请留意碰机会售去,新贵盈城,或有过问者也。

二二〇、一九二八年六月三十一日

南中交部有无欠薪,请就近问。季常或能知之,住所断不会有六十元,除去食宿即不欠,亦最多得三十耳。玉衡去否可自决,然北京(现职绝不可恃,必不能久,且非所宜。实际上不过我每月给予此数耳)定是死路,不知广东尚有路否耳?吾数日前患肠胃病,今已全愈(近数日甚好),但漏卮不塞,身体日弱,杂病易乘,极可厌。廿六日弟可勿来,并告各亲友皆勿来,静养期间饮食游戏皆当节,多人来,一时兴动,或增病也。仲弟鉴。

超。三十一日。

二二一、一九二八年九月十五日

伦哲如来书,称兰甫先生后人以先生手稿求售,且有《老子注》缮本(此书从未见),至可宝。比虽窘,仍必欲得之,已告彼两书,共还价二百元,若前途应允,则送弟处。若送来时请弟先垫付此数,得回信后便当寄上支票也。

此上

仲弟。

超。十五日。

二二二、一九二八年十月八日

支票三百元寄上，除开支外，请留待杂用。疮愈什九，但仍艰于坐。昨又感冒小发热，极讨厌。有一事累次要说，辄忘却，请即代办之，通易股票存在公司，拟取出来向兴业作为抵押品，定透支五千元之契约，此事溯初在沪（吾初欲在通易押借，但用本公司股票抵押为行例所不许），已与揆初、振飞谈过云，可照办。请托季常与汪卜桑兄一交涉，交涉妥后，契约能由弟代签字（否则寄津签可也）最省事。

此上

仲弟。

启超。十月八日。

二二三、一九二八年

仲麟兄来电寄阅，渠太着急，昨晨方有电来，言黄、粱未接电催，即去电。那电钱真枉费矣。去电未及善后办法，昨宰平过此，曾与面谭，大要在如何方能消弭械斗。渠云当与诸公恳陈熟商。但兹事了后，如何训督子弟，真须用力。请弟致书仲麟及诸父兄详言之。弟本月薪水领得否？若未领，当与公权商如何领法，虽短局亦慰情胜无也。弟以后生活问题非抖擞精神，自谋打开一条血路不可。我前存在北海之西藏佛像画可即取归，有便人来津时带来。思成聘礼玉印之玻璃盒，若犹存，亦检来。

仲弟。

超。三十日。

宰乎述季常病势不轻，为我专问，并将近状略告我。

二二四、约一九二八年

图章托枚如带上，内“沧江”一枚，觅不着，又“艺蘅馆主”一枚，似非原物（原物已无觅处，任用其一），请与行交涉，改用他章，想手续虽稍啰嗦，亦易办也。

两浑。

二二五、一九二八年十月二十五日

昨书不以为忤耶？通易支票一纸寄上，惟不审通易存款尚有此数否？若不能照付，则当别发也。昨夜痔疮大发，顷侧身而坐，希尚不影响及小便耳。

此上

仲弟。

超。廿五日。

二二六、时间不详

仲弟鉴：

书悉。《京报》近日论调太离奇，据此间所闻，确已受府中五万。且友仁就顾问职月八百元云，虽未敢具信，然其态度实不能不予人以可议。即使仅为一群流氓所利用，则亦危险已甚。荐柳隅未尝不可，但柳隅安能支配友仁之意思。若仅为彼作写字机器，则又何必。且前此国内外共指《京报》为我机关，而我之意见实不能支配彼，从前受累已不少，柳隅与我关系之深，天下共闻，若就此席，机关报纸之说愈征实，则代人受过无已时，不如其已也。此意已属溯初面告，弟谓何如？友仁处或令希哲稍忠告之，若彼诚干净，则劝其勿为人利用也。（吾辈初非袒徐树铮，然流氓之可厌更甚。友仁若受欺，则宜以友谊忠告之，彼若悟，尚可议携手耳。）吾决十五返港小住。并闻。

两浑。十一日。